Ernst Vollmer · Kalligraphie, die Kunst der schönen Handschrift

ERNST VOLLMER

Kalligraphie

DIE KUNST
DER SCHÖNEN HANDSCHRIFT

CHRISTOPHORUS-VERLAG · FREIBURG I. BR.

Inhaltsverzeichnis

Vorwort —————————— 5

Einführung —————————— 6
Arbeitsplatz, Material und
Werkzeug —————————— 8
Zur Handschrift
mit Variationen —————— 10
Zur Schriftwahl —————— 12
Alphabete
mit Erläuterungen ————— 14
Spruch und Glückwunsch
mit Aufbauskizzen ————— 20
Buch und Prosa
mit geschriebenem
Buch —————————————— 29

Das Gedicht
mit Aufbauüberlegungen,
Skizzen und vergleichenden
Schriftproben —————————— 34
Moderne Lyrik
mit Hinweisen auf Papiere
und Malerei —————————— 44
Zweisprachige Texte
mit Einsatz unterschiedlicher
Werkzeuge und Farben ——— 51
Haiku
mit Skizzen für Aufbau und
Auszeichnungen —————— 54
Freie Alphabetblätter
von A bis Z ——————————— 62

Vorwort

Der Keim der Schrift liegt im Neolithikum, jener Epoche, der die ersten Hochkulturen entstammen in Mesopotamien und Ägypten, in Indien und China und in Altamerika. Jene frühe, erste Ausrichtung des Denkens auf das Jenseits brachte abstraktes Denken und verlangte dafür nach Symbol und Zeichen. Vom Wortbild über das Silbenzeichen bis hin zum Buchstaben sind in Jahrtausenden die unterschiedlichsten Wege beschritten worden.

Auch unser Schreiben heute entspringt einem Grundbedürfnis nach Mitteilung und Verständigung über den Augenblick hinaus, wie seit den ersten Anfängen.

Schrift ist ein Kulturgut, Schriftschreiben zunächst aber eine handwerkliche Fertigkeit, die jeder lernen kann. Kommen Lust und Liebe dazu, stellt sich bald eine eigene Anmut der Buchstaben ein. Dient die Schrift vollendet einer Aussage, darf von

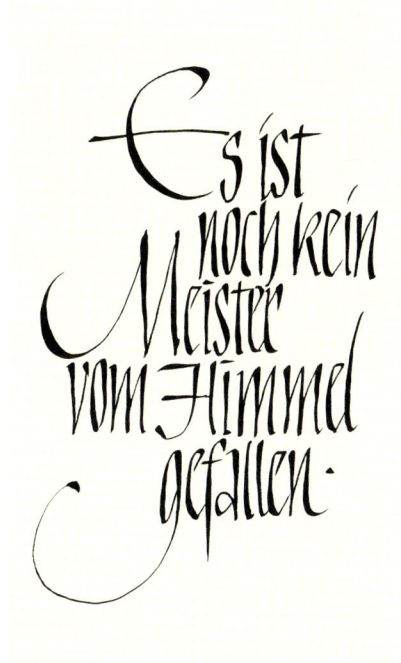

Schriftkunst gesprochen werden.
Auf jeder dieser Stufen gibt es viele Anwendungsmöglichkeiten der Schrift: im Heiteren, Besinnlichen und Ernsten.

Die Merkmale guter Schriften sind ein hohes Formniveau und eine relative Lesbarkeit. Auf keinen Fall wollen wir steife Schriftzeichen mit ornamentalem Zierat verbrämen. Vielmehr sollen wir aus dem eigenen Rhythmus heraus zu ganzheitlich gestalteten Buchstaben- und Wortbildern gelangen, die im lebendigen Zeilenlauf zum harmonischen Textgefüge finden.

Es ist ein Vergnügen, schön schreiben zu können, dem Freund mit einem schwungvoll geschriebenen Glückwunsch zu gratulieren und die feinen Rezepte im handgeschriebenen Kochbüchlein zu sammeln. Wenn es uns erst gelingt, den motivierenden Spruch selbst schreibend zu gestalten, sind wir schon einen Schritt weiter. Und in der Begegnung mit den Dichtern in Lyrik und Prosa ist unser ganzes Können gefordert, so daß schließlich durch unsere Schrift ihre Sprache sichtbar wird.

Einführung

Es gilt, um mit der Übung für die Kunst des schönen Schreibens zu beginnen, die Gesetzmäßigkeiten von Schriften zu erkennen. Schon die normale Schreibschrift kann und soll in die Übungen mit einbezogen werden, um die Hand dafür zu lockern. Weiter führt uns der Weg zu frei geschriebenen Buchstabenfolgen. Gezielte Aufmerksamkeit verlangen dann folgende Punkte:

Werkzeug und Material
Wahl der Schriftart
Aufbau und Plazierung
des Textes
Auszeichnungen und
Darbietungsweise.

Mit der Arbeit wachsen Einsicht und Können. Es ist gut, den wachen Blick auch auf die Natur zu richten und aufzunehmen, was an Formen und Strukturen im Fließen des Wassers, im Rindenbild des Baumes, im Flugbild eines Vogelschwarmes lebt. Zum andern schult es den Blick für das Detail und das ästhetische Empfinden für eine Gesamtgestaltung, wenn wir immer wieder hinschauen auf die Arbeiten der Schreibmeister, und wenn wir zu verstehen suchen, warum dieses Blatt gerade so geschrieben wurde, wie es vor uns liegt. Die Bereitschaft, zu schreiben um des Schreibens willen und nicht nur, um gefällige Blättchen zu machen, führt uns tief hinein in die verlockende Welt der Buchstaben.

Wenn Sprache sichtbar werden soll, müssen wir Werte wie Rhythmus, Melodie und Modulation durch unsere Schriften mitteilen können. Ein gelungenes Blatt sagt genausoviel über unser Verständnis des Textes aus wie über unsere Fähigkeit, ihn zu gestalten. So gesehen ist Schreiben nicht nur Wiedergabe der Literatur, sondern auch ein Spiegel unserer Persönlichkeit.

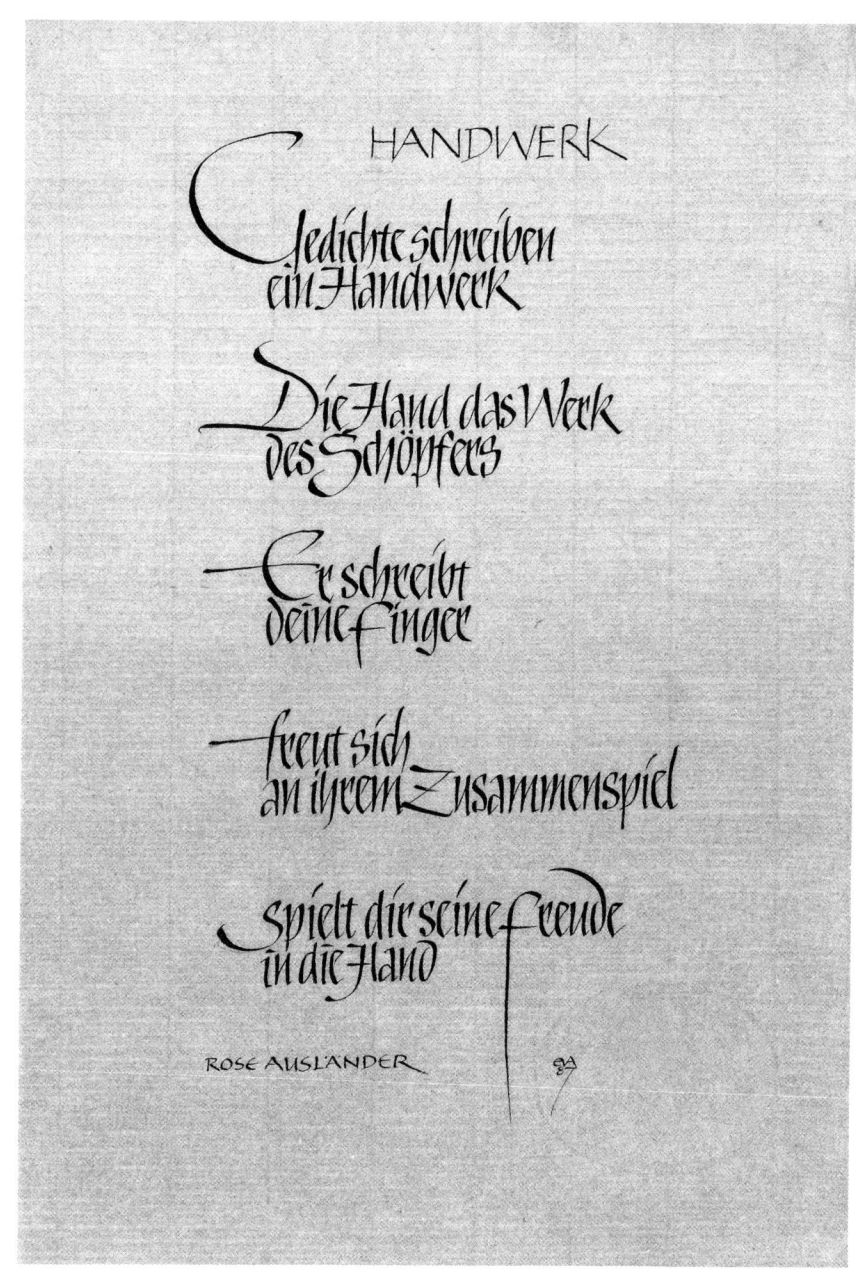

Ausländer: Handwerk
Format: 33,5 × 49,5 cm
Mit Notenfeder auf grauem Roma-Bütten mit Tusche geschrieben.

Arbeitsplatz/Material und Werkzeuge

Unser Arbeitsplatz sollte so groß sein, daß der Schreibarm bis zum Ellenbogen aufliegen kann und der linke Arm Auflage hat. Durch Ausprobieren finden wir heraus, an welcher Stelle des Tisches wir am bequemsten schreiben. Unser Blatt, das übrigens gerade und nicht schräg vor uns liegt, sollte sich immer in diesem günstigen Schreibbereich befinden. Stuhl- und Tischhöhe werden unterschiedlich als angenehm empfunden, je nach Körpergröße. Höhenverstellbare Drehstühle schaffen hier den gewünschten Ausgleich. Ein Zeichenbrett mit leichter Neigung eignet sich auch. Der Lichteinfall von vorne oder links wirft keine störenden Schatten aufs Papier. Der Schreibplatz sollte immer aufgeräumt sein (danach strebe ich bisher leider vergeblich).

Für Übungszwecke nehmen wir Schreibmaschinenpapier oder Offsetpapier. Dieses ist in Größen bis 70 × 100 cm erhältlich. Für anspruchsvollere Arbeiten ist das recht preiswerte Ingres-Bütten geeignet, das es in verschiedenen Farben gibt. Andere Büttenpapiere, auch handgeschöpfte teure Bögen, hat nicht jeder Schreibwarenhändler vorrätig. Geschäfte für Künstlerbedarf, Druckereien oder Buchbinder sind bei der Beschaffung behilflich. Japanpapiere sind vor allem zum Beschreiben mit dem Pinsel ideal.

Als Schreibflüssigkeit wird allgemein Tusche empfohlen. Möglich sind auch Tinten (es gibt auch schwarze), Aquarellfarben und Plakatfarben. Außerdem gibt es japanische und chinesische Stangentusche mit Stein zum Anreiben. Wer häufiger schreibt, wird je nach Arbeit die entsprechende Papiersorte und Art der Schreibflüssigkeit gezielt einsetzen.

Wichtig für den Charakter einer Schrift ist auch das gewählte Schreibwerkzeug. Hier muß unterschieden werden zwischen Geräten, die einen gleichmäßigen Strich erzeugen und solchen, die wechselnde Strichstärken ergeben. Die zweite Gruppe ist meist die interessantere; sie ist hier vorgestellt in der Reihenfolge der Abbildungen.
Allein durch Linien und Schwünge können wir spielerisch das Charakteristische von Feder und Pinsel ermitteln. Gleichzeitig lernen wir Eigenschaften und Qualitäten der Papiersorten unterscheiden und richtig einschätzen.

Breitfeder oder Wechselzugfeder: Bei gleicher Federhaltung und unterschiedlicher Strichrichtung ergeben sich verschiedene Strichstärken. Diese Federn gibt es in Breiten von ½–5 mm und als Plakatfeder bis 15 mm.

Die spitze Zeichenfeder erzeugt durch Druck beim Schreiben die unterschiedlichen Strichstärken; es entstehen dünne Auf- und kräftige Abstriche.

Ähnlich reagiert die Notenfeder: Bei ihr wird schon der dünne Aufstrich schön kräftig, der Abstrich aber durch die doppelte Federspaltung noch stärker. Mit ihr erzielen wir ein sehr lebendiges Schriftbild.

Dann kommt der Spitzpinsel. Besonders beliebt sind Japanpinsel, aber auch jeder Aquarellpinsel ist brauchbar. Die Pinselführung verlangt viel Übung und eine bewegliche Hand. Für Japanpapiere und weiche Schriftgründe ist er sehr geeignet.

Der Breitpinsel, der nun folgt, kommt nur für größere Schriften in Frage. Er wird wie die Breitfeder benutzt.

nun nun A

nuca

nun nun A

nun nun A

nun nun A

Zur Handschrift

Die folgenden Hinweise gelten sowohl für die Schreibschrift als auch für alle anderen Grundformen der Schrift. Jeder, der dieses hier lesen kann, hat folglich auch in irgendeiner Art das Schreiben erlernt. Einige haben womöglich in der Schule oder in Kursen schon andere Schriftformen kennengelernt. Aber auch von der Schreibschrift ausgehend, sind bereits Weiterentwicklungen möglich. Um unseren Ansprüchen gerecht zu werden, müssen wir natürlich die Fertigkeiten der eigenen Handschrift erweitern. Das Aneinanderreihen von Einzelformen, den Buchstaben, ergibt die Schrift. Das Schriftbild wird von folgenden Bedingungen bestimmt:

dem Schreibwerkzeug
der Schriftgröße
dem Verhältnis von Mittellängen zu Ober- und Unterlängen
dem Breitenlauf der Schrift
dem Neigungswinkel und
dem Rhythmus beim Schreiben sowie
der Eigenart einzelner Formen

Wenn ich nun eine oder mehrere dieser Bedingungen ändere, ändert sich sofort das Erscheinungsbild der Schrift. Genau das ist das Ziel unserer Arbeit. Das klingt alles recht einfach, aber gerade von der eingeschriebenen Handschrift kommend, verlangt es viel Aufmerksamkeit, da hier das Schreiben so mechanisch erfolgt, daß man sich über die Einzelformen kaum noch klar ist. Der erste Schritt muß also sein, das Schreibtempo soweit zu verlangsamen, daß die Einzelform kontrollierbar und damit variierbar wird. Die für die Übung gewählte Schrift ist eine Grundform ohne persönliche Eigenarten, denn je ausgeprägter eine Handschrift ist, um so schwerer fällt es, diese zu verändern. Die Versuchsreihe schreiben wir mit einer Wechselzugfeder von 1 mm Breite.

Weil die Hand immer wieder versucht, ins Gewohnte abzuleiten, erfordert es viel Konzentration und sehr viel Übung, um die jeweiligen Schriftzüge über eine größere Schriftmenge hinweg durchzuhalten.

Handschrift hat viele Möglichkeiten.
Einzelformen deutlicher schreiben.

Dann Mittelhöhe (n-Höhe) betonen.
Ober- und Unterlängen kurz halten.

Nun versuchen, die Schrift
kurz und breit zu halten.

Das Gegenteil ist betont schmal und hoch,
wobei Großbuchstaben breit bleiben können.

Auch betonte Schräglage ist möglich.
Dabei wird die Hand frei u. beweglich.

Jetzt wieder normal aber senkrecht
stellen. Auch in dieser Lage variieren

In Normalrichtung versuchen, die
Buchstaben getrennt zu schreiben.

Auch in senkrechter Stellung soll
das Persönliche nicht verschwinden.

Zur Schriftwahl

Die vorhergehende Seite zeigt uns, daß bereits in dieser „gezähmten Handschrift" unterschiedliche Ausdrucksformen erscheinen. Einige Versionen können schon in den Vorrat der Schriftformen eingegliedert werden, die für Textgestaltungen möglich sind. Auf dieser Seite wird nun ein ähnlicher Versuch gezeigt, wobei die Ausgangsschrift eine klare Antiqua-Grundschrift ist. Hierzu sind noch einige Vorbemerkungen nötig.

Für ein ausgeglichenes Schriftbild ist es wichtig, daß Buchstabeninnenräume und Buchstabenzwischenräume ein Gleichmaß ergeben; ein Variieren von enger oder weiter ist hierbei also ausgeschlossen. Dagegen können Zeilenabstände verschieden weit sein. Ein geringer Zeilenabstand ergibt ein geschlossenes Schriftbild, ein großer Zeilenabstand betont dagegen die Zeilenwirkung.

Wenn wir nun unsere Versuche betrachten und uns vorstellen, daß jedes andere Schreibwerkzeug das Feld erweitert und so neue Wirkungen schafft, können wir ahnen, wie weitgespannt die Möglichkeiten sind. Dabei wurden bisher die Faktoren Schriftgröße, Rhythmus und Eigenarten der Formen noch gar nicht berücksichtigt. Selbst der Wechsel der Schriftgründe bringt noch wesentliche Aussagewerte hinzu, die wir nutzen wollen.

Jede Schrift hat viele Möglich=
keiten, ihr Bild zu ändern.

Schrägliegend nennt man kur=
siv. Sie kann steiler und schrä=
ger geschrieben werden.

Bei hoch- und schmalgeschriebener Schrift
können Großbuchstaben schmal o· breit sein·

Kursiv ist schmallaufend besonders gut,
mit kleinerer Feder wäre sie noch eleganter·

Mit geschwungenen Großbuchstaben und
geschmeidigen Kleinbuchstaben · ABC

Die meisten Schriften zeigen erst bei großer
Menge ihre volle Schönheit· abcdefghijklmn

Bei diesen Verhältnissen nähert sich
die Kursive wieder der Handschrift·

Alphabete

1 Einfache Form einer mit der Breitfeder geschriebenen Antiqua. Federbreite ⅕ bis ⅙ der n-Höhe. Variationen von extrem kräftig, z.B. ½ der n-Höhe, bis extrem mager sind möglich. Zeilenabstand ist hier ½ der n-Höhe, auch dies kann verändert werden. Die Federhaltung ist, von der waagrechten Linie ausgehend etwa 20 bis 30° geneigt. Bis auf wenige Ausnahmen bleibt die Federhaltung unverändert. Ein waagrechter Balken erhält dadurch ½ bis ⅓ der Stärke eines senkrechten Balkens.

2 Antiqua Großbuchstaben mit der Zeichenfeder geschrieben. Stärkenunterschiede entstehen durch Druck auf die Feder. Die starken Stellen sind durch mäßigen Druck erreicht worden; das ist bis zur doppelten Stärke möglich. Der Zeilenabstand ist theoretisch unbefindlich, praktisch gerade soviel, daß die Buchstaben nicht zusammenhängen. Dies ergibt bei größerer Schriftmenge ein sehr schönes leichtes Gespinst. Bitte die Buchstabenbreiten in den Verhältnissen zueinander beachten; sie sind ähnlich den Großbuchstaben des ersten Alphabets.

3 Schmal laufende Antiqua. Es gilt alles, was schon zur ersten Schrift gesagt ist. Schwierig ist hierbei, mit den schmal gewordenen Buchstaben wieder ein einheitliches Gefüge zu erstellen. Ein einzelner Buchstabe aus der normallaufenden Schrift dazwischen zerstört sofort die Einheit des Schriftbildes. Der Breitenlauf kann natürlich insgesamt noch weiter verändert werden.

4 Eine frei und flüssig geschriebene Form der schmallaufenden Antiqua. Die Veränderungsmöglichkeiten einzelner Buchstaben beachten. Es sind vor allem bei den Großbuchstaben durch Probieren und Spielen mit den Buchstaben neue und eigene Formen denkbar. Die vorgestellten Großbuchstaben sind der Kursive entlehnt. Diese Schrift ist erst zu empfehlen, wenn man einige Sicherheit im Schreiben gewonnen hat. Ein ähnliches Schriftbild kann auch aus einer Schreibschrift mit getrennt geschriebenen Buchstaben abgeleitet werden.

abcdefghijklmnopqrsß
tuvwxyz·ABCDEFGHIJK
LMNOPQRSTUVWXYZ·

ABCDEFGHIJKLMNO
PQRSTUVWXYZÄÖ

abcdefghijklmnopqrstßuvw
xyz·ABCDEFGHIJKLMNOPQ
RSTUVWXYZ·schmaleAntiqua

abcdefghijklmnopqrsßtuvwxyz·
ABCDEFGHIJKLMNO
PQRSTUVWXYZ·

Alphabete

5 Die Grundformen dieser Schrift sind die gleichen wie die der vorhergehenden. Die Abweichung liegt diesmal im Werkzeug, der Notenfeder. Durch starken Druck beim Schreiben wird ein sehr lebendiges Bild erzielt. Zu beachten ist, daß der Druck einmal oben und einmal unten liegt in freiem Wechsel. Diese Schrift erfordert ein zügiges Schreiben. Lieber eine kleine Unregelmäßigkeit in Kauf nehmen als zaudern.

6 Diese Kursivschrift ist wieder mit der Breitfeder geschrieben. Die Grundformen entsprechen, abgesehen von der Schräglage, der normalen Antiqua. Die Schrägstellung liegt um 75°. Steiler gestellt, wirkt die Schrift ernster, schräger gelegt, fließender. Das kleine a wird in der Kursive nicht mehr in der geteilten Form verwendet. Bei klein g sind beide Formen denkbar. Auch diese Schrift ist schmaler laufend gebräuchlich.

7 Hier haben wir eine schmallaufende Kursive. Der wesentliche Unterschied zur vorhergehenden Schrift liegt in der flüssigen Schreibweise. Die Einzelformen werden geschmeidiger. Wenn man zum Beispiel den Buchstaben n bei Schrift Nr. 6 mit dieser hier vergleicht, wird das deutlich. Die Großbuchstaben sind ähnlich wie bei Schrift 4.

8 Kursiv mit der Zeichenfeder geschrieben. Besonders gute Wirkung bei sehr schmalen Kleinbuchstaben und breit ausladenden Großbuchstaben. Verstärkungen entstehen wieder durch Druck. Um mit diesem Werkzeug vertraut zu werden, empfiehlt es sich, große Bögen mit Strichen und Schwüngen zu füllen. Die heute üblichen Schreibwerkzeuge wie Faserschreiber, Kugelschreiber und harte Füllfederhalter verhindern nämlich das Gefühl für den wechselnden Druck.

abcdefghijklmnopqrstuvwxyz
ABCDEFGHIJKLMNO
PQRSTUVWXYZ·A

abcdefgghijklmnopqrsßtu
vwxyz·ABCDEFGHIJKLM
NOPQRSTUVWXYZ·ÄÜÖ

abcdefghijklmnopqrsßtuvwxyz·
ABCDEFGHIJKLMNOP
QRSTUVWXYZ·Kursive·

abcdefghijklmnopqrsßtuvwxyz·AB
CDEFGHIJKLMNM
NOPQRSTUVWXYZ

Alphabete

9   Von der Kursive zum Schreib-schriftcharakter, hier mit der No-tenfeder geschrieben. Eine sol-che Schrift wird bei den verschie-denen Schreibern besonders un-terschiedlich ausfallen. Dagegen ist nichts zu sagen.

10   Die Unziale ist in der Schrift-geschichte die erste auf die römi-sche Kapitalis folgende Schrift. Federhaltung wieder wie bei der gotischen. Die Unziale ist eine Schrift, die immer die volle Lauf-breite behalten soll. Der Zeilen-abstand ist meist reichlich. Die historische Entwicklung kennt sehr viele unterschiedliche Ein-zelformen.

11   Diese Unziale ist mit der Zei-chenfeder ohne Zeilenabstand geschrieben. Interessant ist ein Vergleich mit der ähnlich ge-schriebenen Antiqua Nr. 2 auf Seite 15.

12   Gotische Schrift. Sie gehört zur Gruppe der gebrochenen Schriften, die in Deutschland bis 1942 gebräuchlich waren. Ge-schrieben mit der Breitfeder, Fe-derbreite hier ⅕ der n-Höhe. Die-ses Verhältnis kann variiert wer-den. Federhaltung bei 30° oder etwas mehr. Steiler drehen kann man die Feder bei den kleinen Würfeln, wie sie z. B. unter dem ersten Strich vom n stehen. Die abweichende Strichrichtung von Anstrichen und weiterführenden Strichen beachten. Das optische Gleichmaß von Innen- und Zwi-schenraum der Buchstaben ist hier besonders wichtig. Als Groß-buchstaben kann auch die Unzia-le verwendet werden. Bei den gebrochenen Schriften muß au-ßerdem zwischen dem langen und dem Schluß-s unterschieden werden. Am Ende der Silbe oder des Wortes steht das Schluß-s, am Wortanfang oder innerhalb der Silbe das lange.

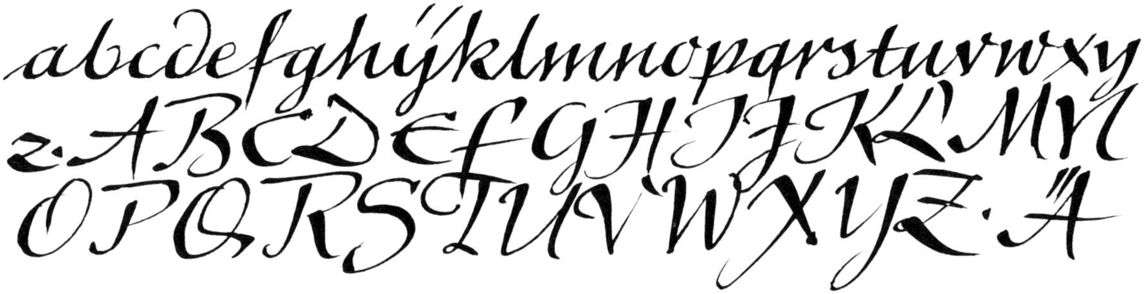

abcdefghijklmnopqrstuvwxy
z·ABCDEFGHIJKLMN
OPQRSTUVWXYZ·A

ABCDEFGHIJKLMNO
PQRSTUVWXYZ·hnu

ABCDEFGHIJKLMN
OPQRSTUVWXYZ·A

abchdefghijklmnopqrsßtuvw
xyz·ABCDEFGHIJKLMN
ä·/OPQRSTUVWXYZ·ÄÖ

Spruch und Glückwunsch

An einem kurzen Text von Hans-Jürgen Heise zeigen wir die Gedankengänge und Vorarbeiten auf, die uns zur Gestaltung eines Schriftblattes hilfreich sind. Für die Reihenfolge der Überlegungen und Arbeiten gibt es keine feste Regel. In unserem Fall gehen wir so vor:

a) Zeileneinteilungen (Zeilenanzahl)
b) Aufbauversuch mit Auszeichnungen
c) zum gewählten Schriftbild passende Schriftform und Schreibwerkzeug
d) Papierwahl

Die gedruckte Fassung des Textes sieht so aus:

Versprechen
Unkraut,
ich will dein Gärtner sein,
in diesen Zeiten,
da alle
die Rosen hätscheln.

Bei einem Gedicht beläßt man gerne die gegebene Zeilenteilung. Trotzdem wollen wir einiges versuchen. So lassen sich längere Zeilen nochmals teilen. Allerdings darf das nicht willkürlich geschehen. Die zweite Zeile könnte z. B. geteilt werden in:
ich will
dein Gärtner sein,

nicht ratsam wäre:
ich will dein
Gärtner sein,
da dies nur optisch gut teilt, nämlich halbiert, vom Sinn her aber nicht so gut ist. Außerdem könnte sich ein moderner Dichter an dem Zufallsreim stören.

Bei den neun vorgestellten Aufbauversuchen wird der Schriftwahl etwas vorgegriffen. Die Originale der neun Skizzen sind linear bis doppelt so groß wie hier gezeigt.

Der Entwurf 1 ist in fünf Zeilen mit der Breitfeder geschrieben. Falls die Ausführung größer werden soll, kommt auch der Pinsel in Frage. Nun zum Aufbau: Der Anfangsbuchstabe (Initiale) ist größer. Die zweite Zeile greift voll unter das U, die dritte und vierte Zeile sind mit dem Beginn der Kleinbuchstaben in „Unkraut" gleichgesetzt. Die letzte Zeile steht mit der zweiten gleich. Der tiefer gezogene Schwung des h von hätscheln gibt eine Höhe für den Autorennamen an. Die Überschrift in gleicher Größe wie Heise schließt etwa mit der Oberkante des U ab. Der Text bietet noch einige Stellen für Auszeichnungen an, die wir aber keinesfalls voll ausnützen wollen. Für alle Skizzen gilt, daß der Grund-

charakter der Schrift, hier das etwas freizügig Verkantete der Buchstaben, bei der Ausführung ähnlich erscheinen sollte. Allerdings sind im gewählten Breitenlauf noch Varianten denkbar.

Beim Beispiel 2 sind die vier Zeilen mit der Zeichenfeder geschrieben. Hier steht am Anfang wieder das große U. Die zweite Zeile ist nach links vorgezogen, die dritte steht gleich mit der linken unteren Ecke vom großen U. Die letzte stimmt wieder mit der zweiten überein. Das großzügige Komma der zweiten Zeile trägt zum Ausgleich mit der letzten Zeile bei. Wie schon beim ersten Beispiel sieht man auch hier, daß eingerückte Zeilen zu anderen in einer Beziehung stehen und nicht willkürlich irgendwo „schwimmen". Wollte man hier die erste und dritte Zeile gleich abschließen, wäre das über ein breiteres U möglich. Auszeichnungen außer dem U sparsam verwenden.

Beim Beispiel 3 haben wir mit der Zeichenfeder neun Zeilen Antiqua-Großbuchstaben geschrieben ohne festen Zeilenabstand. Alle Zeilenanfänge sind links vorne, jede zweite Zeile ist leicht eingezogen. Links braucht man zum Blattrand mehr Platz als bei der längsten Zeile rechts, da

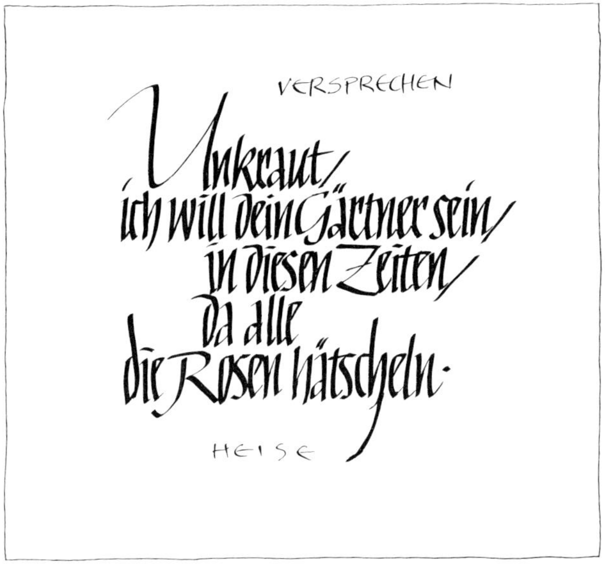

VERSPRECHEN

Unkraut,
ich will dein Gärtner sein,
in diesen Zeiten,
da alle
die Rosen hätscheln.

HEISE

1

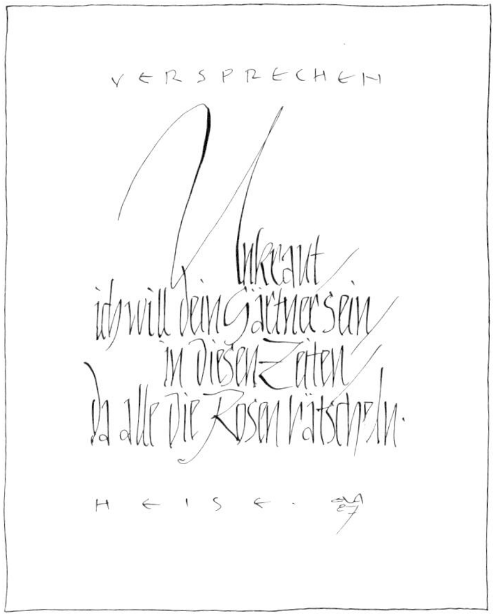

VERSPRECHEN

Unkraut,
ich will dein Gärtner sein,
in diesen Zeiten,
da alle die Rosen hätscheln.

HEISE

2

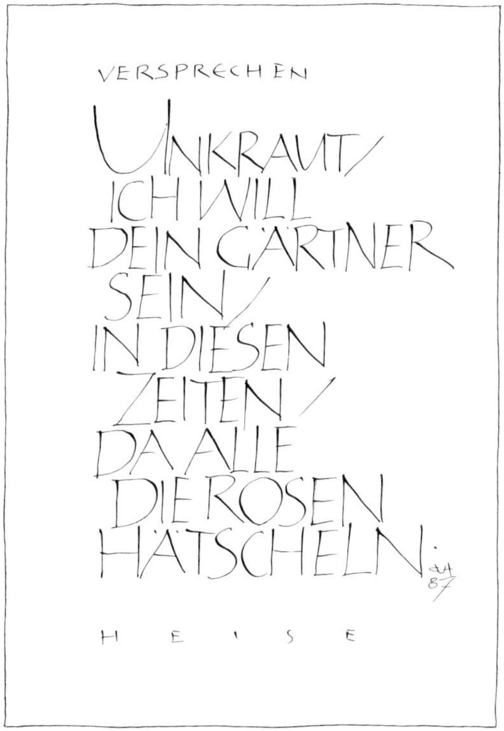

VERSPRECHEN

UNKRAUT,
ICH WILL
DEIN GÄRTNER
SEIN,
IN DIESEN
ZEITEN,
DA ALLE
DIE ROSEN
HÄTSCHELN.

HEISE

3

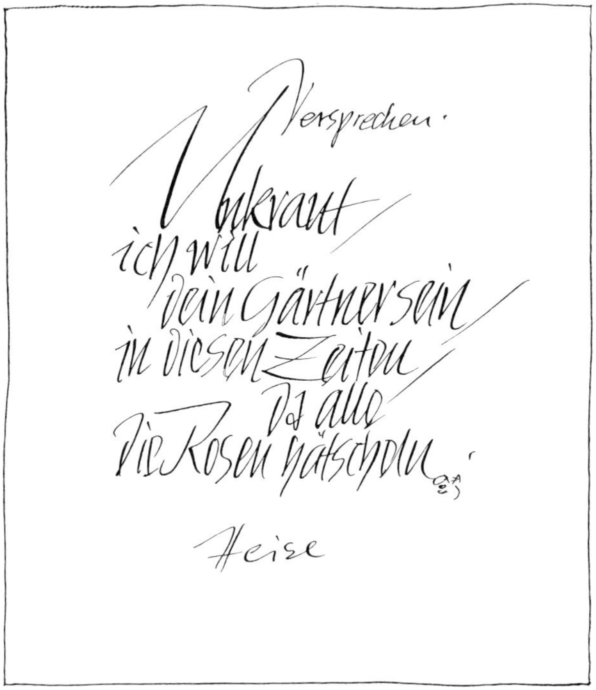

Versprechen.

Unkraut,
ich will
dein Gärtner sein,
in diesen Zeiten,
da alle
die Rosen hätscheln.

Heise

4

rechts stärkere Einzüge sind und somit auch mehr Raum ist. Die Überschrift sollte ein wenig breiter sein.

Beim Beispiel 4 ist der Text, in sechs Zeilen gegliedert, mit der Zeichenfeder gestaltet. Mit seiner freizügigen, handschriftnahen Form sollte man keine starren Achsen setzen (scheinbar ein Widerspruch zu Entwurf 2). Durch Versetzen der beiden kurzen Zeilen ist für Ausgleich gesorgt. Mit der Überschrift, dem Autorennamen und sogar dem eigenen Signum kann ein Blatt ins letzte Gleichgewicht gebracht werden.

Die Beispiele 5 und 6 haben beide eine neunzeilige Gliederung, sowie Flattersatz, und sie sind mit der Breitfeder geschrieben. Der wesentliche Unterschied: Beispiel 5 ist geschlossen geschrieben und Beispiel 6 hat betonte Zeilenabstände. Die beiden Arbeiten sollen zeigen, daß auch bei Vorentwürfen diese Belange schon beachtet werden müssen. Auch Überschrift und Autor sind unterschiedlich dargeboten. Beide Entwürfe würde ich nicht nennenswert größer schreiben.

Die Beispiele 7 und 8 sind beide ebenfalls neunzeilig. Diesmal ist die Schrift hoch und schmallaufend. Beispiel 7 ist mit der Notenfeder, 8 hingegen mit einer klei-

nen Breitfeder geschrieben. Die Unterschiede:

7	8
freier Aufbau	Flattersatz
freie bewegte Schrift (unkrautiger als 8)	trotz Bewegtheit streng gefügt
Initiale und Schlußauszeichnung)	Initiale nur wenig größer, sonst keine Auszeichnung
	Gliederung durch offene Großbuchstaben und Kommas

Beim Beispiel 7 könnte die siebte Zeile auch auf eine Achse mit der zweiten und vierten kommen.

Das letzte, das Beispiel 9 zeigt eine vierzeilige Lösung, diesmal in betontem Querformat, mit der Breitfeder geschrieben. Diese Schrift ähnelt Beispiel 5 und 6, der Aufbau ist vergleichbar mit Beispiel 2, nur legt sich das U wie ein fettes Unkraut über das Ganze. Die Unterlänge h und die Stellung der Überschrift und des Autorennamens unterstreichen die Kursivwirkung.

Für alle Entwürfe gilt, daß die Schriftformen nur im Grundcharakter angedeutet sind. Für die Endgröße müssen gesonderte Schreibversuche gemacht wer-

den. Dabei können auch die Werkzeuge gewechselt werden. Soll einer der Entwürfe deutlich größer geschrieben werden, dürfen wir nicht versuchen, die vorgefundenen Verhältnisse kleinlich zu übernehmen, sondern wir müssen für die neue Größe den Aufbau und die Schriftform neu entwickeln. Dann dient der Entwurf nicht so sehr als Vorlage, sondern als Anregung.

Für die Ausführung wähle ich eine Fassung ähnlich dem Beispiel 7, weil ich glaube, daß dieses Blatt dem Unkraut am ehesten gerecht wird. Die Schriftwahl liegt weitgehend vor. Da das Blatt aber größer werden soll, muß ausprobiert werden, ob diese sehr schmallaufende Form der Antiqua Kleinbuchstaben noch mit der Notenfeder geschrieben werden kann. Die Versuche ergeben, daß es bei einer Blattgröße von 52 cm noch möglich ist. Allerdings zeigt das fertige Blatt nicht die gleiche Lebendigkeit wie die Skizze.

Das ausgesuchte Papier ist ein selbstmarmoriertes gelbliches Bütten, das zusätzlich etwas Leben bringt. Beim Vorbereiten des Papieres zum Beschreiben kann unterschiedlich vorgegangen werden: entweder Linien ziehen, Einteilung vorskizzieren oder nichts von alledem. Häufig gehe ich das Risiko ein, ohne jedes

VERSPRECHEN

Unkraut,
ich will
dein Gärtner
sein
in diesen
Zeiten,
da alle
die Rosen
hätscheln.

HEISE

5

VERSPRECHEN

Unkraut,
ich will
dein Gärtner
sein
in diesen
Zeiten,
da alle
die Rosen
hätscheln.

HEISE

6

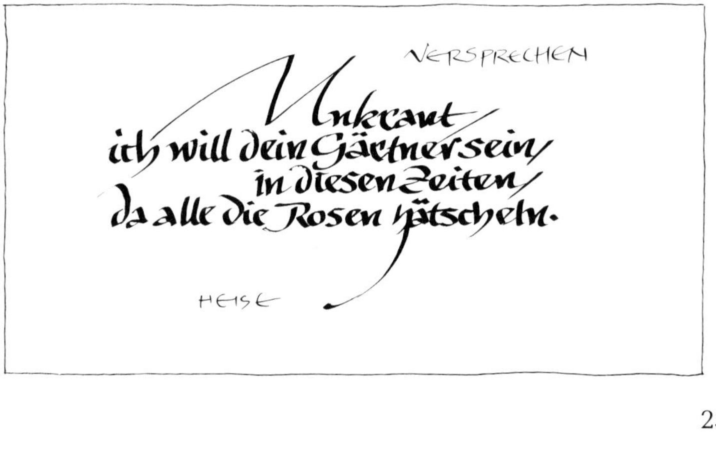

VERSPRECHEN

Unkraut,
ich will
dein Gärtner
sein
in diesen
Zeiten,
da alle
die Rosen
hätscheln.

HEISE

7

VERSPRECHEN

Unkraut,
ich will
dein Gärtner
sein,
in diesen
Zeiten,
da alle
die Rose
hätscheln.

HEISE

8

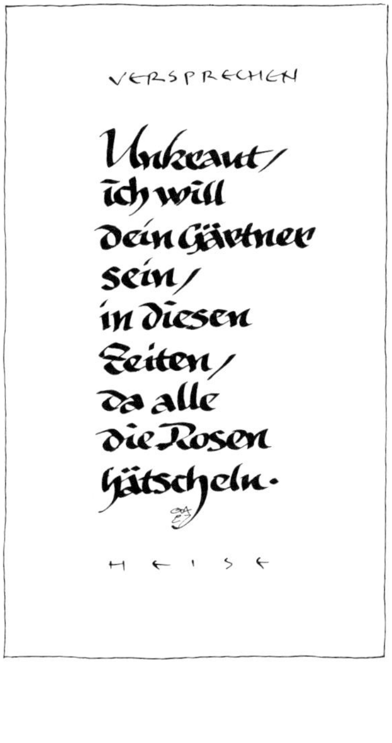

VERSPRECHEN

Unkraut,
ich will dein Gärtner sein,
in diesen Zeiten,
da alle die Rosen hätscheln.

HEISE

9

23

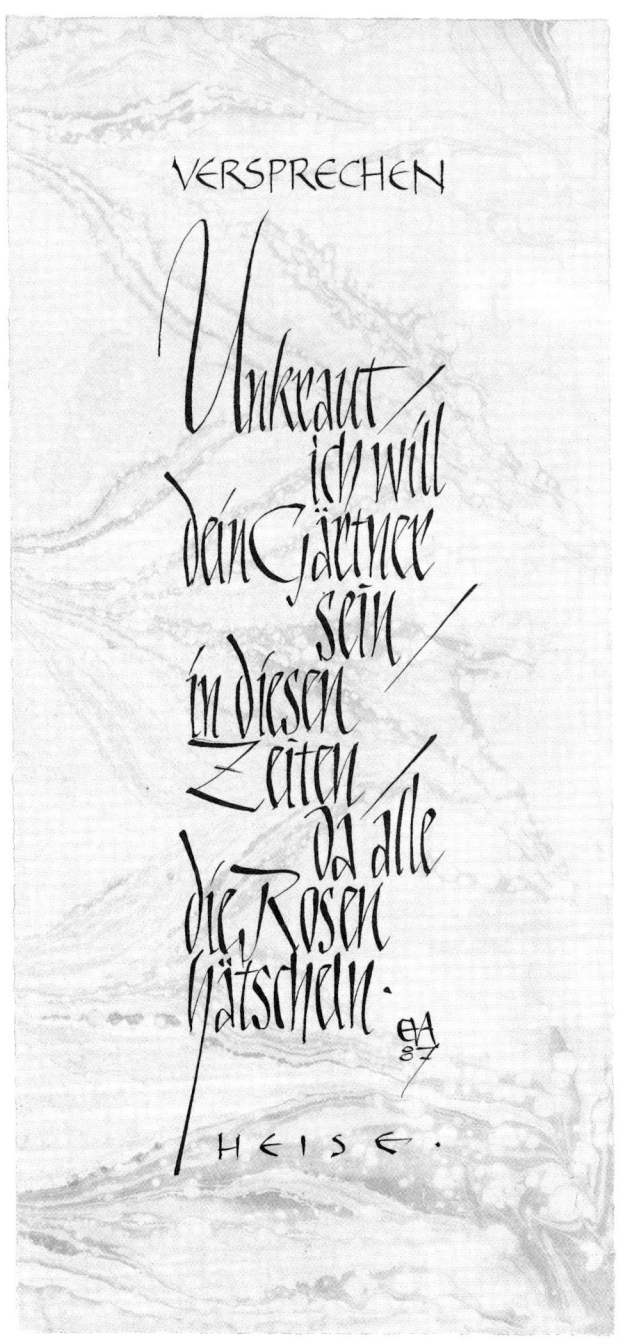

Vorlinieren und Vorzeichnen auf das reine Papier zu schreiben. Das kann natürlich mißglücken. Dagegen kann eine zu gut vorbereitete Arbeit manchmal langweilig geraten. Dieses Blatt wurde freihändig leicht vorliniert, und die Vorderkante ist mit Bleistift markiert worden. Die Skizzen sind alle frei geschrieben.

Die so gewonnenen Erfahrungen sind auf viele Arbeiten übertragbar. Gerade diese kleinen Blätter wie Spruch, Glückwunsch und kurzer Text sind ein gutes Übungs- und Anwendungsfeld für den Lernenden. Machen Sie sich und den andern die Freude, Ihr Können zu zeigen und zu erweitern.

Heise: Versprechen
Format: 25 × 52,5 cm
Mit Notenfeder auf marmoriertem Bütten mit Tusche geschrieben.
Das 1959 entstandene Gedicht „Versprechen", das Hans-Jürgen Heise heute – seines eher epigrammatischen Charakters wegen – als eine für seine spätere Metaphernlyrik etwas atypischen Etüde ansieht, erscheint 1990 beim Neuen Malik Verlag, Kiel, in: „Hans-Jürgen Heise": Das „Werk in zwei Bänden", Bd. 2, „Einhandsegler des Traums" – in der Abteilung „Sonstige Gedichte / Frühe Texte, Verschiedenes, Varianten".

Hochzeitsglückwunsch
Format: 28,5 × 26 cm
Mit Notenfeder auf marmoriertem Bütten geschrieben.

Vertrauen
ineinander

Verständnis
füreinander

Liebe,
zueinander

ein Leben lang

wünschen Euch
zum Hochzeitstag

Ernst und Hanne

Wenn alles sitzenbliebe,
was wir in Haß und Liebe
so voneinander schwatzen;
wenn Lügen Haare wären,
wie wären rauh wie Bären
und hätten keine Glatzen.

W. BUSCH

Busch: Wenn alles sitzen bliebe
Format: 26 × 30 cm
Mit Notenfeder auf farbigem Bu-
gra-Bütten mit Tusche geschrieben.

Kalahari-Sprichwort:
Ich bin so jung
Format: 30 × 24 cm
Auf Aquarellgrund von Dorothee
Brown mit Pinsel auf Japanpapier
geschrieben.

Im großen Bogen der Malerei ist
die Schrift in den freien Raum
gesetzt. Einige Schwünge sorgen
für die Verbindung.

Goethe: 500 Säue
Format: 30,5 × 21,5 cm
Kleistertechnik. Eingefärbter
Kleister auf gut geleimtes Papier
aufgestrichen, aus dem Feuchten
die Schrift mit einem abgeflach-
ten Holz herausgekratzt.

Buch und Prosa

Für längere Prosatexte oder Buchseiten wählen wir eine Schriftart, die gut lesbar ist und einen angemessenen Zeilenabstand hat. Ausnahmen in jeder Richtung sind für besondere Zwecke immer denkbar.

Die erste Entscheidung beim handgeschriebenen Buch betrifft das Format. Bei der „fünften Jahreszeit" von Tucholsky ergab es sich aus dem gewählten Roma-Bütten. Das Doppelblatt ist jeweils ein viertel Bogen davon. Alle Unregelmäßigkeiten des Büttenrandes wurden belassen. Bei diesem handgeschöpften Papier ist es gleich, in welcher Richtung es gefalzt wird. Bei anderen Papieren muß die Laufrichtung beachtet werden. Es darf nur mit dieser gefalzt werden. Bei einer Biegeprobe des Papiers zeigt sich die Laufrichtung dort, wo der Widerstand geringer ist.

Die aufgeschlagene Doppelseite bestimmt das Buchformat. Darauf lege ich auch die Größe und Lage des Satzspiegels fest, d. h. der zu beschreibenden Flächen. Gute Vorbilder dafür finden wir in Museen bei alten Handschriften und Frühdrucken. Ein Beispiel ist hier vorgestellt, wobei die Zahlen nicht Maße, sondern Verhältnisse bedeuten. Der Platz vom äußeren Rand her ist so breit wie der innere Abstand zwischen den Satzspiegeln über den Falz hinweg gemessen.

Bei größeren Formaten kann auch zweispaltig geschrieben werden, allerdings bringen kurze Zeilen viele Worttrennungen.

Illustrationen können auf manche Art ins handgeschriebene Buch eingebracht werden und machen einen zusätzlichen Reiz aus. Bei Goethes „Märchen" sind die Zeichnungen in den Satzspiegel eingefügt. Es können aber auch ganzseitige Illustrationen im Wechsel mit Textseiten gebracht oder bei kleinerem Satzspiegel die freien Ränder bezeichnet werden, wie es Dürer beim Gebetbuch des Kaisers Maximilian getan hat.

Bei textreichen Urkunden behandeln wir die Textmenge ähnlich wie bei einer Buchseite, wobei Worttrennungen im fortlaufenden Text hingenommen werden können. Bei geringer Textmenge versuchen wir, Trennungen zu vermeiden und den Text vom Sinn her gut zu gliedern. Hierbei hilft ein exakter Entwurf.

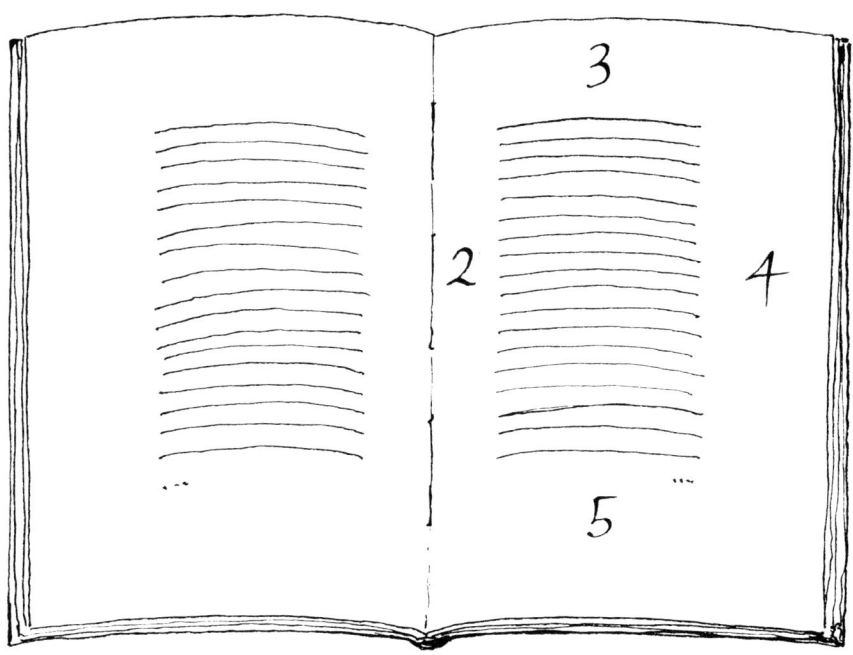

Die jeweilige Gegebenheit entscheidet darüber, ob mittelachsig oder asymmetrisch aufgebaut wird. Für Auszeichnungen wie das Wort Urkunde, den Namen, verliehene Titel, Orden u. ä. nicht zu viele verschiedene Schriften und Farben wählen, denn auch hier ist weniger oft mehr.

Goethe: Märchen
Format: 38 × 29 cm
Schriftspiegel rechte Buchseite:
Höhe 8,5 cm, Breite 9,5 cm
Mit Zeichenfeder auf Zander-Bütten mit Tusche geschrieben.
Illustrationen von
Elisabeth Dering.
Betonte Zeilenwirkung:
in die großen Zeilenabstände
leichte Schwünge ohne Druck gezogen.

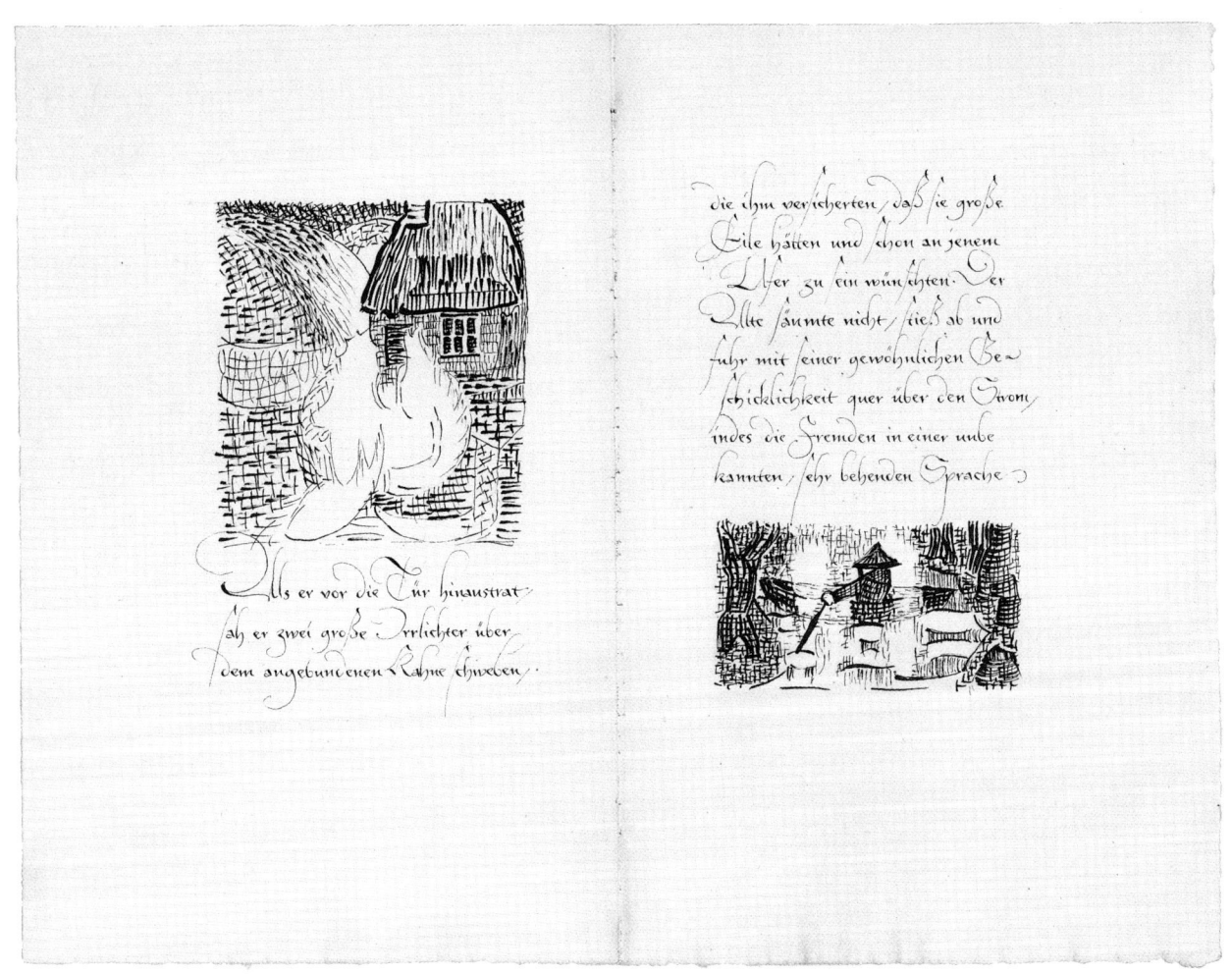

Format: Doppelseite Höhe 24 cm, Breite 33,5 cm

Mit kleiner Breitfeder auf Roma-Bütten mit Tusche (Scribtol) geschrieben.

Schriftspiegel: 14,5 cm hoch und 10 cm breit mit 21 Zeilen, bei denen nur die Grundlinie mit Abstand von 7 mm gezogen wurde.

Zu Schriftform und Größe gab es etliche Versuche. Gewählt wurden Antiqua-Kleinbuchstaben, offen, bewegt und flüssig geschrieben. Die Großbuchstaben sind gemäßigte Schwungbuchstaben. Die Zeilenanfänge wurden leicht versetzt, um den Schriftblock aufzulockern.

stelnde über Regenschauer fegt über die Felder und peitscht die entfleischten Baumstümpfe, die ihre hölzernen Schwurfinger zum Offenbarungseid in die Luft strecken: Hier ist nichts mehr zu holen ... So sieht es auch aus ... Nichts zu holen ... und der Wind verklagt die Erde und klagend heult er um die Ecken, in enge Nasengänge wühlt er sich ein, Huuh macht er in den Stirnhöhlen, denn der Wind bekommt Prozente von den Nasendoktoren ... hochauf spritzt brauner Straßenmodder ... die Sonne ist zur Kur in Abazzia ... der Herbst —

Und Winter? Es wird eine Art Schnee geliefert, der sich, wenn er die Erde nur von wei-

tem sieht, sofort in Schmutz auflöst; wenn es kalt ist, ist es nicht richtig kalt sondern naß-kalt, also naß ... Tritt man auf Eis, macht das Eis Knack und bekommt rissige Sprünge, so eine Qualität ist das! Manchmal ist Glatteis, dann sitzt der liebe Gott, der gute alte Mann, in den Wattewolken und freut sich, daß die Leute der Länge nach hinschlagen ... also, wenn sie denn werden kindisch ... kalt ist der Ostwind, kalt die Sonnenstrahlen, am kältesten die Zentralheizung — der Winter —?

»Kurz und knapp, Herr Hauser! Hier sind unsere vier Jahreszeiten. Bitte: Welche —?«

Keine. Die fünfte.

»Es gibt keine fünfte.«

AYANU

das geheime Strategiespiel der
Yanniter·Ein Brettspiel für Zwei·
von Harald Germer·

Als Unda erwachsen wurde,kam
der Tag,da sie,die zukünftige Herr=
scherin,mit ihren kommenden Auf-
gaben vertraut gemacht wurde·Der
Sitte gemäß übernahm der älteste
Ratgeber ihres Vorgängers,der grei-
se Liero,ihre Ausbildung·Durch
einen Glücksfall gelangten die Auf-
zeichnungen des ersten Gespräches
von Liero und Unda in den Besitz
von Harald Germer,der den Inhalt
nach langen vergleichenden Studien
jetzt der Öffentlichkeit preisgibt·

Das erste Gespräch zwischen
Unda und Liero.
Liero:Liebe Unda,von allen Kindern
der drei sonnigen Jahre wurdest Du
auserwählt,dereinst unsere weise
und vorausschauende Herrscherin
zu sein·Deine Aufgabe ist schwierig
und Du wirst Dir viele Kenntnisse
aneignen müssen·Deine Lehrer in den
Wissenschaften und Künsten sind
Dir bekannt,und mir obliegt es nicht
nur,die Oberaufsicht über Deine
Ausbildung zu führen,sondern ich
werde Dich auch in die Kunst des
AYANU einführen·
Unda:Was ist das AYANU?Nie ha-
be ich davon reden hören!
Liero:AYANU ist ein Spiel.—Das
geheime Spiel der Herrscher und
Ratgeber·Aber es ist auch mehr
als ein Spiel,denn es schärft den

Verstand und die Umsicht·
Unda:So zeige es mir,damit ich
es spielen lerne·
Liero:Die Regeln sind schnell er=
klärt·Dieser Spielplan ist die Welt
des AYANU·9×9 Felder bilden
ein Quadrat·Jedes Feld kann immer nur von einer Figur besetzt
werden·Die beiden zusätzlichen
Felder bilden das Spielziel·Dein
Ziel liegt hinter der Burg (Felder
mit X)des Gegners·Dessen Ziel
wird von Deiner Burg geschützt·
Sieger ist,wer als erster sein Ziel
erreicht·
Unda:Das ist einfach·Wie laufen
denn die Figuren auf dem Spiel=
feld?
Liero:Alle Figuren bestehen aus
zwei Hälften:Körper und Kopf·
Der Körper bestimmt die Kraft der
Bewegung,der Kopf die Qualität,
das heißt die Richtung·
Unda:Ich sehe drei Arten von Un-
terteilen·Was bewirken sie?
Liero:Ja,jeder Spieler hat drei
kleine,drei mittlere und drei große Unterteile·Dies bestimmt die
Reichweite·Die kleinen Figuren
können ein Feld,die mittleren ein
oder zwei Felder und die großen
ein,zwei oder drei Felder weit zie-
hen·
Unda:Das ist einfach,aber in welche Richtung ziehen sie?Und wozu
braucht man die Köpfe?
Liero:Langsam,langsam!Der Kopf
gibt die Richtung an,und wie Du
siehst,haben wir fünf verschiedene
Köpfe·
Unda:Die Köpfe passen auf die
Körper!

Spielregel: Ayanu
Geschrieben auf DIN A 3-Format. Gedruckt auf DIN A 4-Format. Titel und Untertitel mit Notenfeder, Text mit Breitfeder geschrieben. Zweispaltig, der besseren Lesbarkeit wegen. Außerdem gliedern sich bei kürzeren Zeilen die Abschnitte besser.

Henry Miller: Aber wir ...
Format: 61 × 49 cm
Auf Aquarellgrund von Dorothee
Brown; mit Pinsel auf Japanpapier mit Aquarellfarbe geschrieben.
Die Malerei war Vorgabe. Zur Art
des Aquarells bot sich eine
schmallaufende Schrift an. Die
Schwünge und Buchstaben, die
in die Malerei hineingreifen,
schaffen die Einheit.

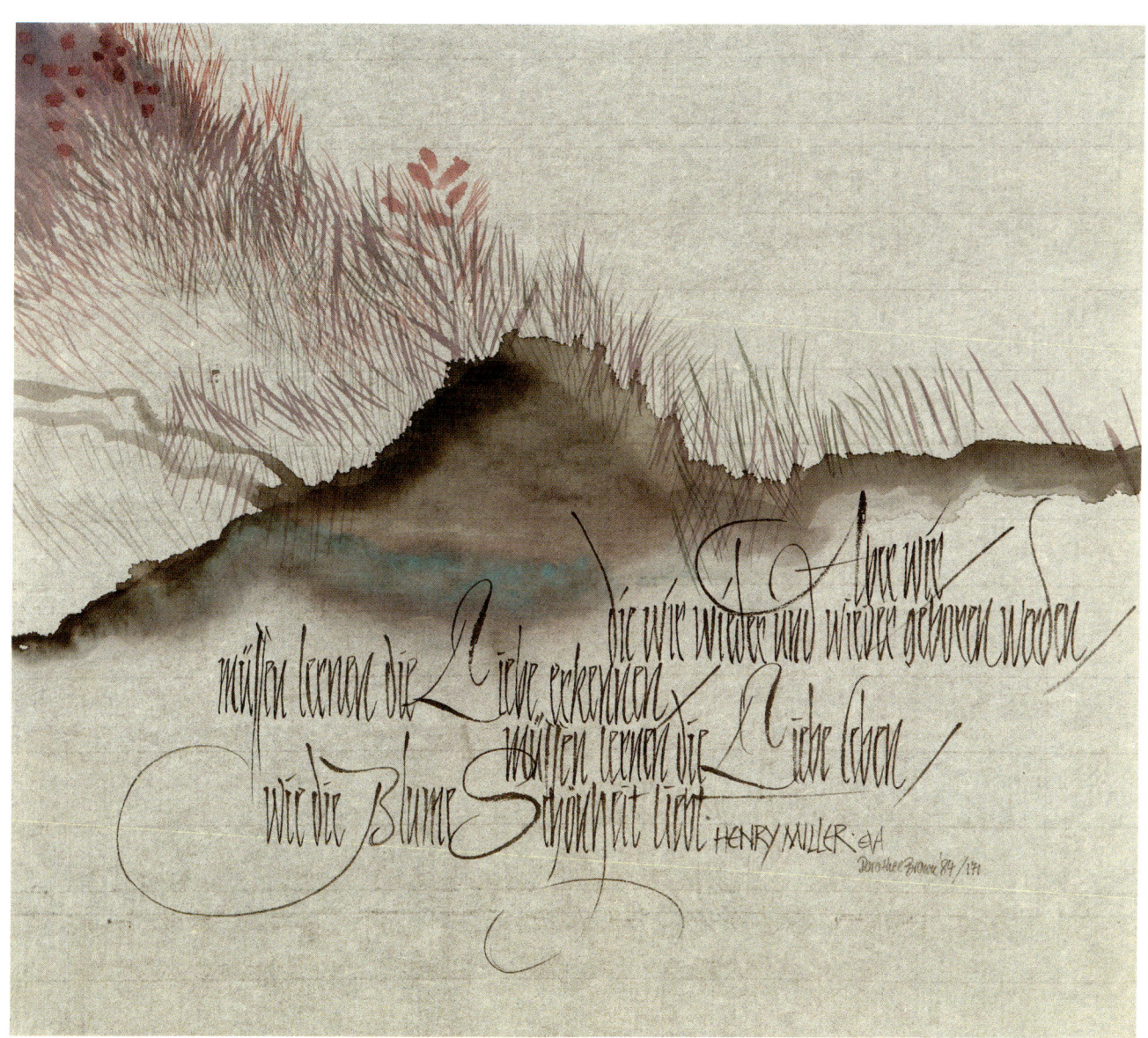

Das Gedicht

Gelassen stieg die Nacht ans Land,
lehnt träumend an der Berge Wand,
ihr Auge sieht die goldne Waage nun
der Zeit in gleichen Schalen stille ruhn;
und kecker rauschen die Quellen hervor,
sie singen der Mutter, der Nacht ins Ohr
vom Tage,
vom heute gewesenen Tage.

Das uralt alte Schlummerlied,
sie achtet's nicht, sie ist es müd;
ihr klingt des Himmels Bläue süßer noch,
der flücht'gen Stunden gleich geschwungnes Joch.
Doch immer behalten die Quellen das Wort,
es singen die Wasser im Schlafe noch fort,
vom Tage,
vom heute gewesenen Tage.

EDUARD MÖRIKE

1

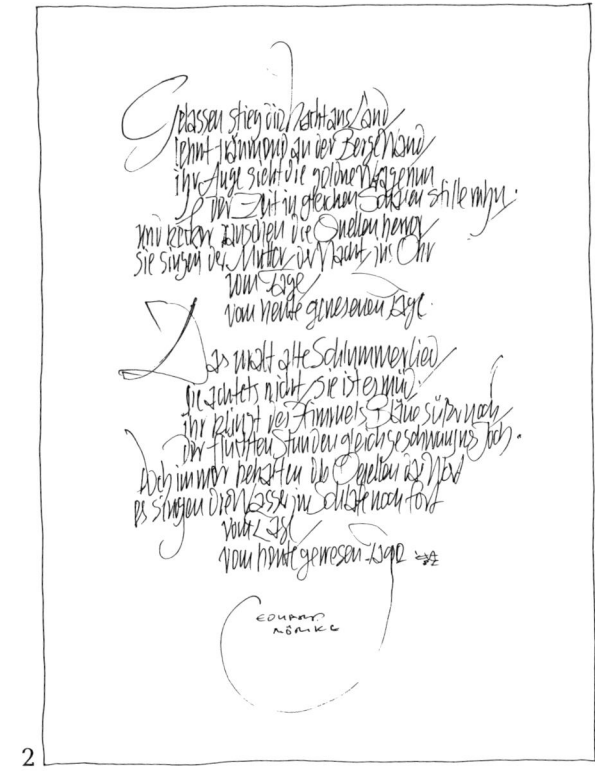

2

Hier ist es wichtig, eine Schriftgraphik zu schaffen, die die Aussage des Dichters sichtbar macht und nicht nur eine, um dekorative, effektvolle Blätter zu schreiben. Das erfordert geduldiges Versuchen und Gespür. Grundsätzlich kann der Text so geschrieben werden, wie er gedruckt ist, alle Zeilen vorn an einer Kante beginnend. Das nennt der Drucker Flattersatz. Aber damit müssen wir uns nicht begnügen.

Als Gliederungsversuch bietet sich hier an, die ersten vier Zeilen zu übernehmen, die nächsten zwei, die sich auch inhaltlich absetzen, nach vorne links herauszuziehen und die letzten zwei Zeilen um das Doppelte nach rechts zurückzusetzen. In der nächsten Strophe wird das dann wiederholt. Die Überlänge der vierten Zeile stört hier leider das Bild. Die einfachste Lösung wäre nun, diese Zeile so weit links vorne zu beginnen, wie die nachfolgenden beiden Zeilen. In der ersten Strophe haben wir das Versetzen aber mit dem Inhalt begründet, und das Prinzip wollen

wir doch nicht für eine rein dekorative Lösung aufgeben. Also suchen wir einen anderen Weg: Wenn ich die vierte Zeile der ersten Strophe nach rechts verschiebe und die vorn entstandene Lücke durch Unterlängen der darüber stehenden und Oberlängen der darunter stehenden Zeile schließe, ist ein guter Rhythmus gefunden. Die beiden Skizzen 1 und 2 veranschaulichen das Schriftbild vor und nach der Zeilenverschiebung. Beim zweiten Versuch sind die Strophenanfänge durch größere Buchstaben be-

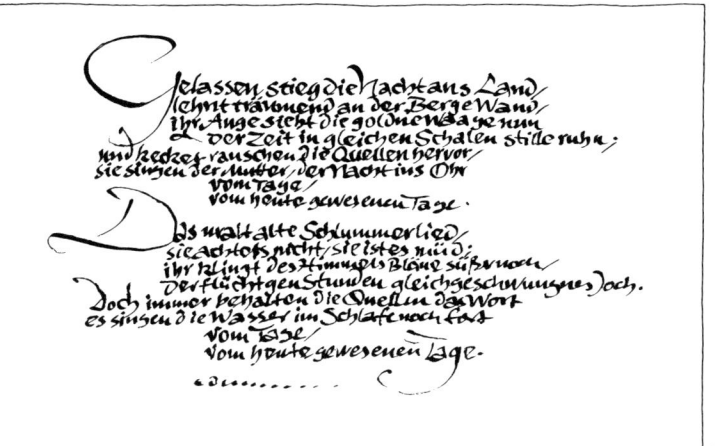

3

die Zeilenabsätze zu betonen. Dabei fällt auf, daß das Gedicht zerhackt wird und der große Atem der durchgehenden Zeilen fehlt. Wenn ich all das betrachte, wird verständlich, daß ich Skizze 2 zur Ausführung wähle. Dieses Gedicht von Mörike steht hier für viele klassische Gedichte und deren Gestaltungsmöglichkeiten.

4

5

tont. Die Textgliederung hat dafür Raum geschaffen. In der letzten Zeile bringt der tiefgezogene g-Bogen einen Abschluß. Die Skizze 3 behält die Aufteilung bei, jedoch mit sehr breit laufender Schrift. Das so entstandene Bild entspricht dem Text durchaus, aber dieser sehr breiten Schrift sind in der Größe Grenzen gesetzt.

Für Skizze 4 wurde eine extrem schlanke Schrift gewählt. Die häufig wechselnden Zeilenanfänge gliedern recht gut, sind aber für den ruhig fließenden Text zu lebhaft.

Skizze 5 zeigt wie aus den acht Zeilen des Gedichtes fünfzehn werden können. Der Aufbau ist ähnlich wie bei Skizze 4, aber die Doppelzeilen wirken kräftiger als die einzelnen dort. Jetzt empfehle ich, den Text laut zu lesen und

ihr Auge sieht die goldne Waage nun
der Zeit in gleichen Schalen stille ruhn;
und kecker rauschen die Quellen hervor;

ihr Auge sieht die goldne Waage nun
der Zeit in gleichen Schalen stille ruhn;
und kecker rauschen die Quellen hervor;

ihr Auge sieht die goldne Waage nun
der Zeit in gleichen Schalen stille ruhn;
und kecker rauschen die Quellen hervor;

ihr Auge sieht die goldne Waage nun
der Zeit in gleichen Schalen stille ruhn;
und kecker rauschen die Quellen hervor;

ihr Auge sieht die goldne Waage nun
der Zeit in gleichen Schalen stille ruhn;
und kecker rauschen die Quellen hervor;

ihr Auge sieht die goldne Waage nun
der Zeit in gleichen Schalen stille ruhn;
und kecker rauschen die Quellen hervor;

ihr Auge sieht die goldene Waage nun
der Zeit in gleichen Schalen stille ruhn;
und kecker rauschen die Quellen hervor;

ihr Auge sieht die goldne Waage nun
der Zeit in gleichen Schalen stille ruhn;
und kecker rauschen die Quellen hervor;

ihr Auge sieht die goldne Waage nun
der Zeit in gleichen Schalen stille ruhn;
und kecker rauschen die Quellen hervor;

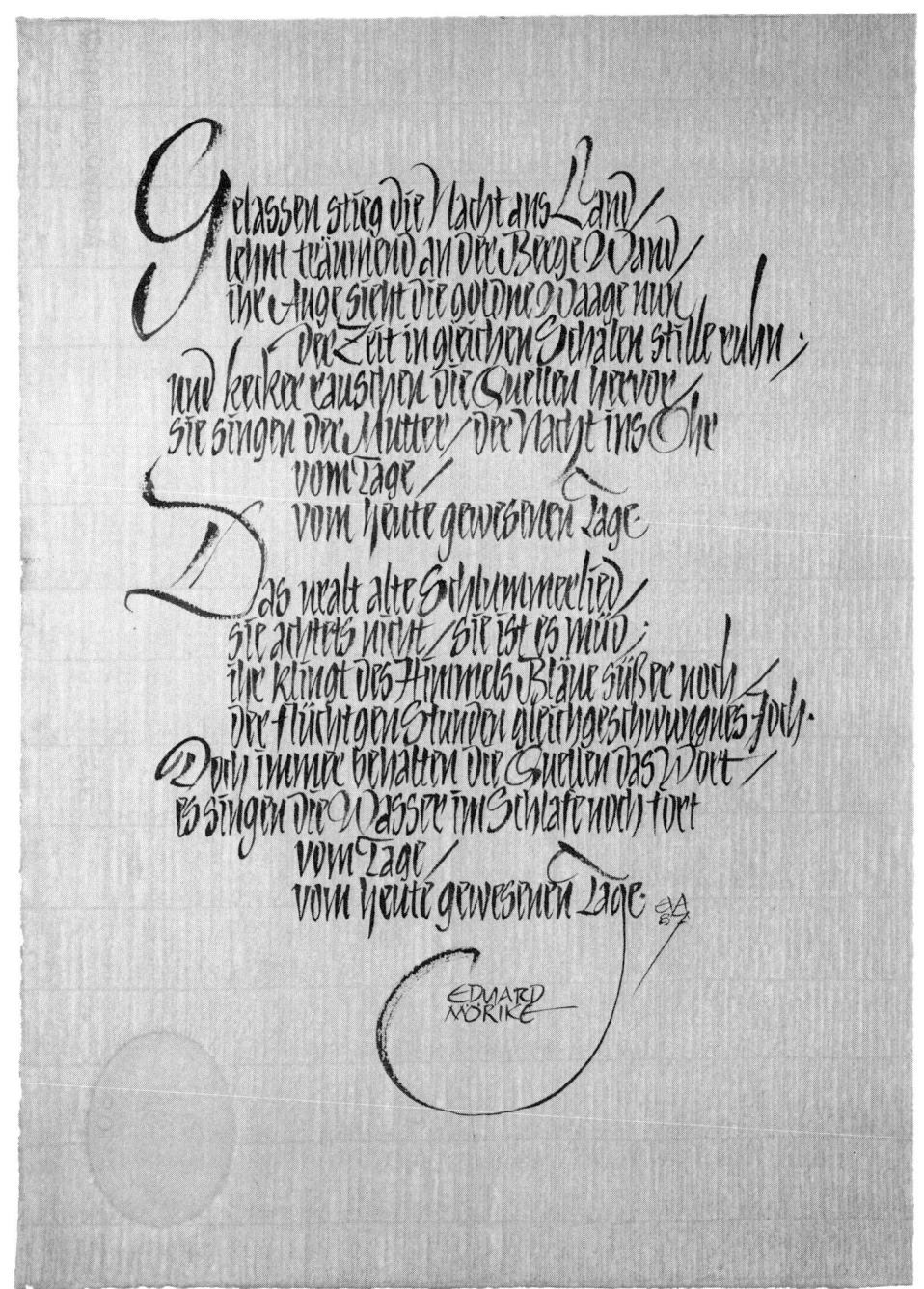

Mörike: Gelassen
Format: 46 × 64 cm
Mit Pinsel auf grauem
Roma-Bütten mit Aqua-
rellfarbe geschrieben.
Der Aufbau entspricht
der zweiten Skizze (Seite
34) und einer Schrift zwischen dem sechsten und
siebten Versuch (Seite
36), aber etwas schlan-
ker.

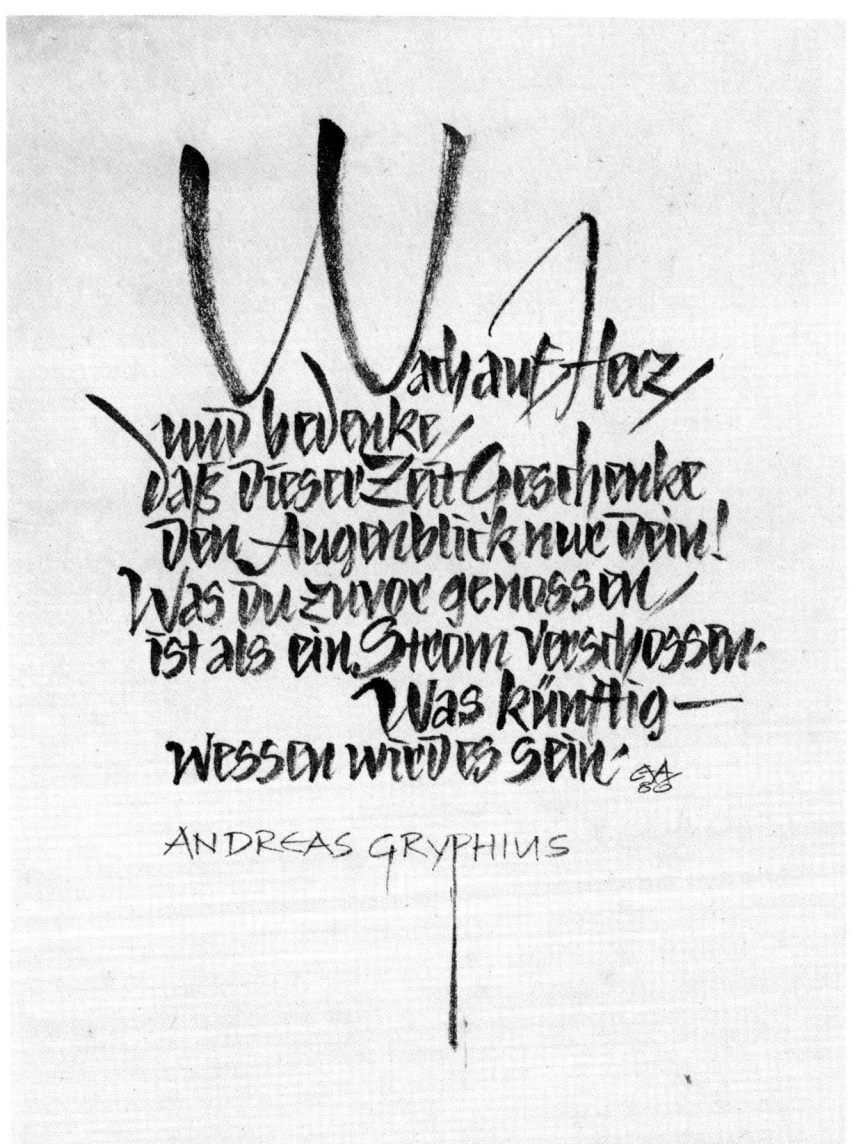

Wach auf Harz
und bedenke,
daß dieser Zeit Geschenke
den Augenblick nur dein!
Was du zuvor genossen,
ist als ein Strom verschossen,
Was künftig —
wessen wird es sein?

ANDREAS GRYPHIUS

Gryphius: Wach auf
Format: 40 × 52 cm
Mit Pinsel auf Japanpapier mit
Aquarellfarbe geschrieben.
Eine Strophe aus dem Gedicht:
„Die Herrlichkeit der Erden."
Die dünne Farbe und der kräftige
Druck erzeugen das lebendige
Schriftbild.

Die Bäume stehen voller Laub,
Das Erdreich decket seinen Staub
mit einem grünen Kleide.
Narzissus und die Tulipan
Die ziehen sich viel schöner an
als Salomonis Seide.

PAUL GERHARD

Gerhardt: Die Bäume
Format: 56 × 40 cm
Auf Aquarellgrund von Dorothee
Brown; mit Pinsel auf Japanpa-
pier mit Aquarellfarbe geschrie-
ben.
Eine Strophe aus dem Gedicht:

„Geh aus mein Herz und suche
Freud."
Der kräftige Anfangsbuchstabe
führt aus der Malerei heraus hin
zum leichtbeschwingten Schriftbild im freien Raum.

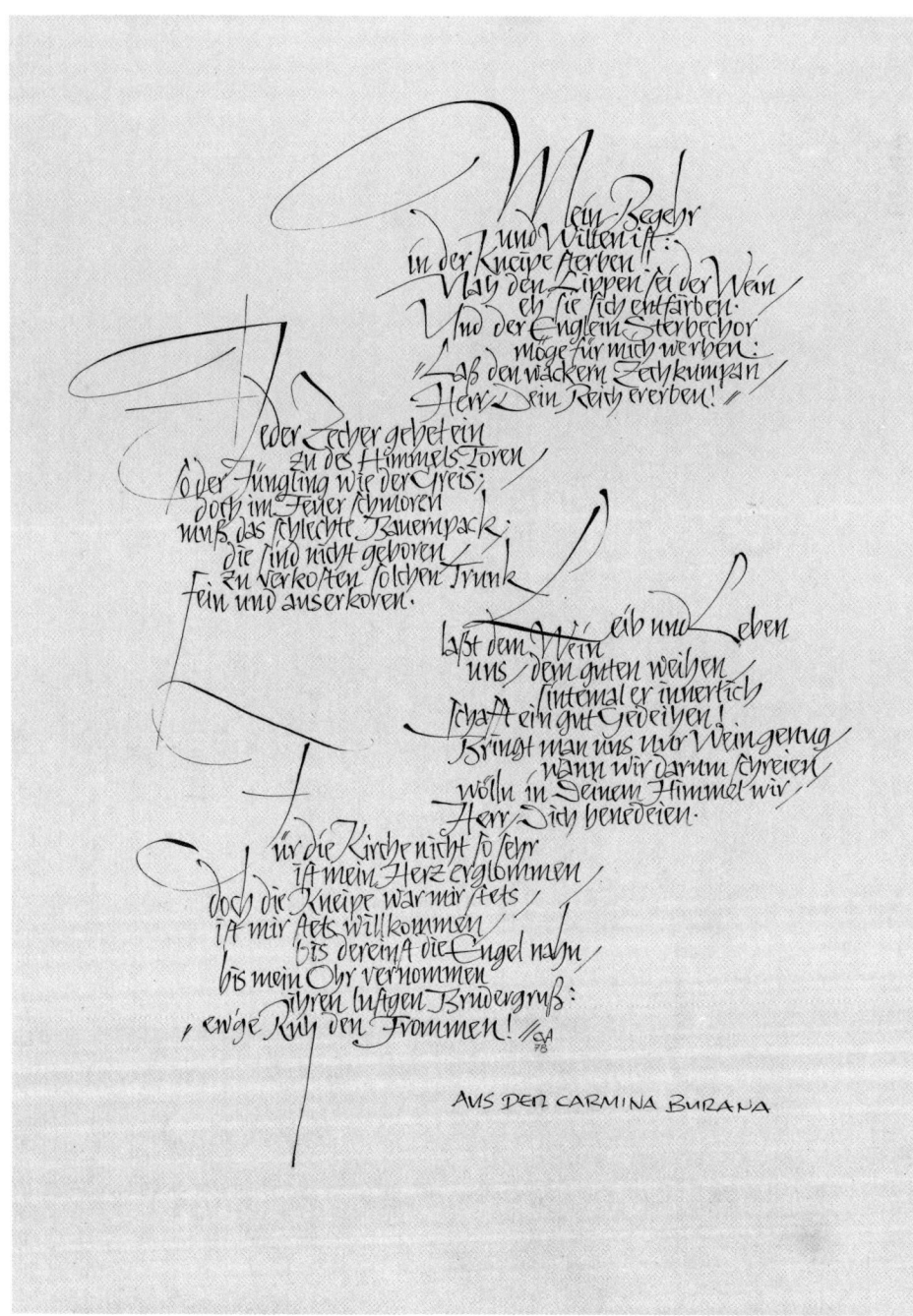

Mein Begehr
und Wille ist:
in der Kneipe sterben!
Nah den Lippen sei der Wein
eh sie sich entfärben;
Und der Englein Sterbechor
möge für mich werben:
"Laß den wackern Zechkumpan,
Herr, Dein Reich erwerben!"

Jeder Zecher gehe ein
zu des Himmels Toren,
so der Jüngling wie der Greis;
doch im Feuer schmoren
muß das schlechte Bauernpack;
die sind nicht geboren
zu verkosten solchen Trunk
fein und auserkoren.

Leib und Leben
laßt dem Wein
uns, dem guten weihen,
sintemal er innerlich
schafft ein gut Gedeihen!
Bringt man uns nur Weingenug
wann wir darum schreien,
wölln in Deinem Himmel wir
Herr, Dich benedeien.

Für die Kirche nicht so sehr
ist mein Herz erglommen,
doch die Kneipe war mir stets
ja mir stets willkommen
bis dereinst die Engel nahn,
bis mein Ohr vernommen
ihren lustgen Brudergruß:
ewge Ruh den Frommen!

AUS DEN CARMINA BURANA

Aus Carmina Burana:
Mein Begehr
und Wille ist
Format: 44 × 61 cm
Mit Notenfeder auf Büt-
ten geschrieben.
Vier Strophen des Ge-
dichtes: „Letzter Wille."
Originalsprache ist
Mönchslatein.
Die Anordnung der vier
Strophen läßt Raum, um
dem frechen Text ent-
sprechend, großzügige
Anfangsbuchstaben zu
schreiben. Ähnliche
Überlegungen liegen
auf Seite 42 (Weinheber)
vor.

Hölderlin:
Die Eichbäume
Format: 49 × 67 cm
Mit Breitfeder auf Roma-Bütten mit Tusche geschrieben.
Ungewohnt ist hier die volle Ausnutzung der Papierbreite mit den Leerstreifen oben und unten.
Wäre seitlich mehr Raum, kämen die Ober- und Unterlängen nicht so gut zur Geltung. Die gewählte Schrift mag für Hölderlin ungewöhnlich erscheinen, aber sie veranschaulicht das Waldgefüge. In der Originalgröße wirkt sie kräftiger.

DIE EICHBÄUME

Aus den Gärten komm ich zu euch, ihr Söhne des Berges!
Aus den Gärten, da lebt die Natur geduldig und häuslich,
pflegend und gepflegt mit dem fleißigen Menschen zusammen.
Aber ihr, ihr Herrlichen! steht wie ein Volk von Titanen
in der zahmeren Welt und gehört nur euch und dem Himmel,
der euch nährt und erzog, und der Erde, die euch geboren.
Keiner von euch ist noch in die Schule der Menschen gegangen,
und ihr drängt euch fröhlich und frei, aus der kräftigen Wurzel,
untereinander herauf und ergreift, wie der Adler die Beute,
mit gewaltigem Arme den Raum, und gegen die Wolken
ist euch heiter und groß die sonnige Krone gerichtet.
Eine Welt ist jeder von euch, wie die Sterne des Himmels
lebt ihr, jeder ein Gott, in freiem Bunde zusammen.
Könnt ich die Knechtschaft nur erdulden, ich neidete nimmer
diesen Wald und schmiegte mich gern ans gesellige Leben.
Fesselte nur nicht mehr ans gesellige Leben das Herz mich,
das von Liebe nicht läßt, wie gern würd ich unter euch wohnen!

FRIEDRICH HÖLDERLIN

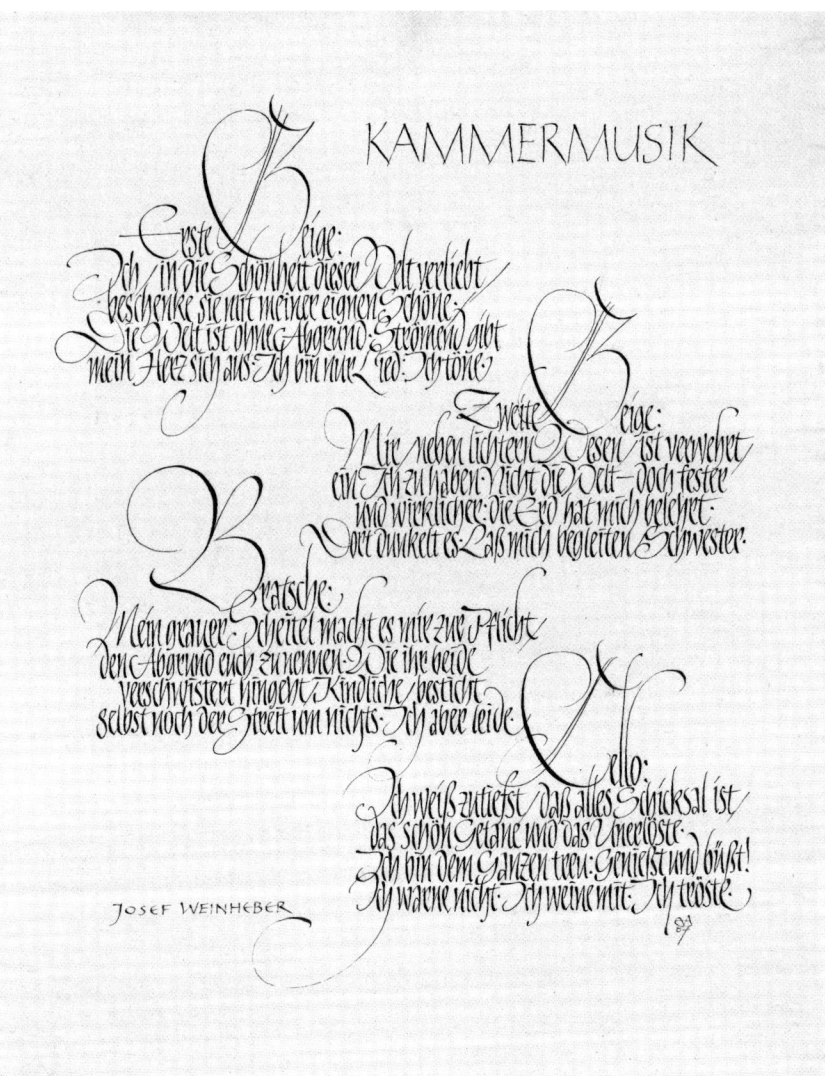

Weinheber: Kammermusik
Format: 49 × 62 cm
Mit Notenfeder auf altem Ingres-Papier mit Tusche geschrieben. Die einzelnen Strophen sind so versetzt, daß die Großbuchstaben der Instrumente reichlich Platz haben. Für diese Großbuchstaben ist die Frakturschrift gewählt worden, weil vor allem das G zur Geige besser paßt. Der Grundaufbau ähnelt dem von „Mein Begehr und Wille ist" (Seite 40), durch Schrift und Auszeichnung ist aber eine völlig andere Wirkung erreicht worden.

Rilke: Hortensie
Format: 41 × 61 cm
Auf Aquarellgrund von Doro-
thee Brown; mit Zeichenfeder
auf Aquarellpapier mit Tusche
geschrieben.
Zum besseren Einfügen in die
Malerei wurden in der ersten
Strophe alle Zeilen geteilt, bei
der dritten und vierten man-
che. Schriftbild ähnlich der
Buchseite „Goethes Mär-
chen" (Seite 30), nur etwas ge-
schlossener.
In einem gelungenen Blatt
kann ein Schreibfehler ohne
Bedenken sichtbar korrigiert
werden.

Moderne Lyrik

Wenn wir schon beim klassischen Gedicht darauf achten, die gegebene Zeilenteilung, die dort meist durch den Reim betont ist, beizubehalten, so gilt dies hier noch viel verbindlicher. Für den modernen Dichter ist das Festlegen der Zeilen wesentlicher Bestandteil seiner Gestaltung, und diese vorgegebene Gliederung können wir nicht willkürlich ändern. (Abweichungen werden bei den Blattbesprechungen begründet bzw. aufgezeigt.)

Der früher schon erwähnte Flattersatz bietet sich auch hier als einfachste Lösung an. Jetzt muß man aber prüfen, ob das so entstandene Schriftbild gut ist. Weiter können wir versuchen, einzelne Zeilen oder Textgruppen zu verschieben. Wenn das Gedicht schon in Strophen unterteilt ist, können diese Blöcke versetzt angeordnet werden. Im Kapitel „Gedicht" (Seite 34 bis Seite 43) ist diese Art der Komposition mit „Mein Begehr und Wille ist" und „Kammermusik" sowie „Hortensie" belegt.

Bei der Schriftwahl sollten wir auf historisierende Formen verzichten. Dafür werden wir auf die feinen Unterschiede achten, die sich ergeben aus breitem oder schmalem Lauf, kräftigem oder zartem Strich.

Ein weiteres Element ist der Schreibrhythmus, den wir in Beziehung setzen zum Text und so das entsprechende Bild erzielen: ruhig fließend oder fest und bestimmt oder auch zart und versponnen.

Eine wesentliche Rolle spielt auch das Papier. Meist ist weißes Papier schwarz beschrieben. Es ergeben sich schon Unterschiede in der Wirkung, ob ein kräftiges handgeschöpftes Bütten oder ein zartes Japanpapier gewählt wird. Japanpapiere gibt es in großer Auswahl; darauf schreiben wir wegen der rauhen und weichen Oberfläche mit dem Pinsel. Dann erproben wir den Reiz der farbigen Papiere: Bei sehr dunklen kann hell bzw. weiß geschrieben werden, mitteltonige erlauben ein Schreiben mit Schwarz und Weiß. Bei zweisprachigen Texten wende ich dies gern an. Billige Tonpapiere haben die Neigung, zu verblassen.

Reizvoll ist als Schreibgrund auch selbstmarmoriertes Papier. Farbrichtung und -intensität bestimmen wir bei diesem Arbeitsprozeß selbst, und die so vorbereiteten Schriftgründe inspirieren zu überraschendem Textaufbau. Eine Steigerung dazu ist das Kombinieren von Schrift und Malerei. Das kann auch die Arbeit eines malenden Freundes sein, wenn man sich selbst vor allem aufs Schreiben verlegt hat. Die Beispiele im Buch sind alle von Frau Dorothee Brown gemalt. Es ist jedesmal ein kleines Abenteuer, zu all den Überlegungen beim Textaufbau auch noch die Vorgabe der Malerei oder des marmorierten Grundes in die Gestaltung mit einzubeziehen. Hier können wir aber zu Schriftbildern finden, die uns ohne diese Vorgabe nie eingefallen wären.

Beim handgeschöpften Bütten, ob nun rein, marmoriert oder bemalt, sind die originalen Schöpfränder ein Qualitätsmerkmal. Sie beweisen nämlich, daß unsere Schriftkomposition absolut gut steht. Falls wir das Format korrigieren müssen, dann an einer Schiene entlang abreißen, damit der Rand nicht zu glatt wird (siehe Seite 41).

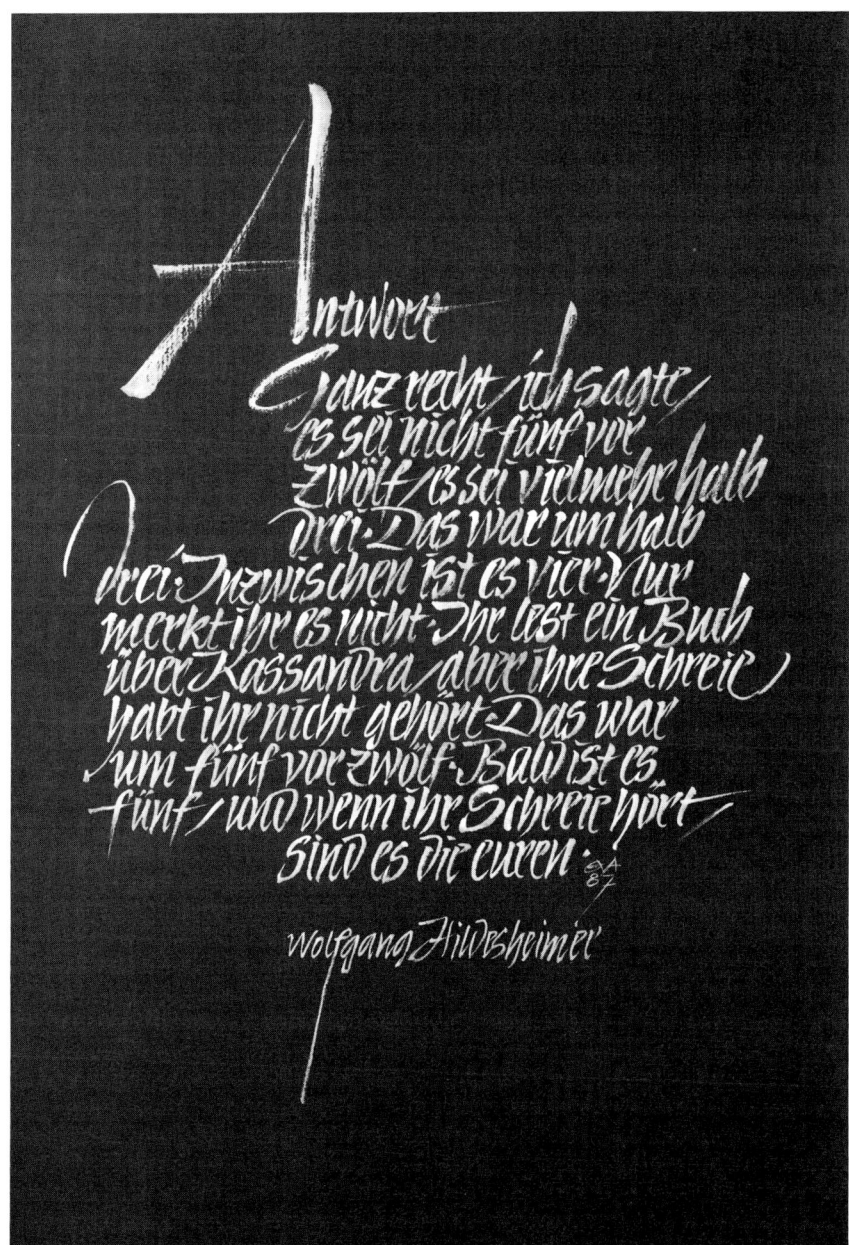

Hildesheimer: Antwort
Format: 47 × 67,5 cm
Mit Pinsel auf farbigem Roma-Bütten mit weißer Plakatfarbe geschrieben.
Die eingerückten ersten vier Zeilen schaffen den Raum für das große A. Die letzte Zeile bindet an den Namen des Autors an.

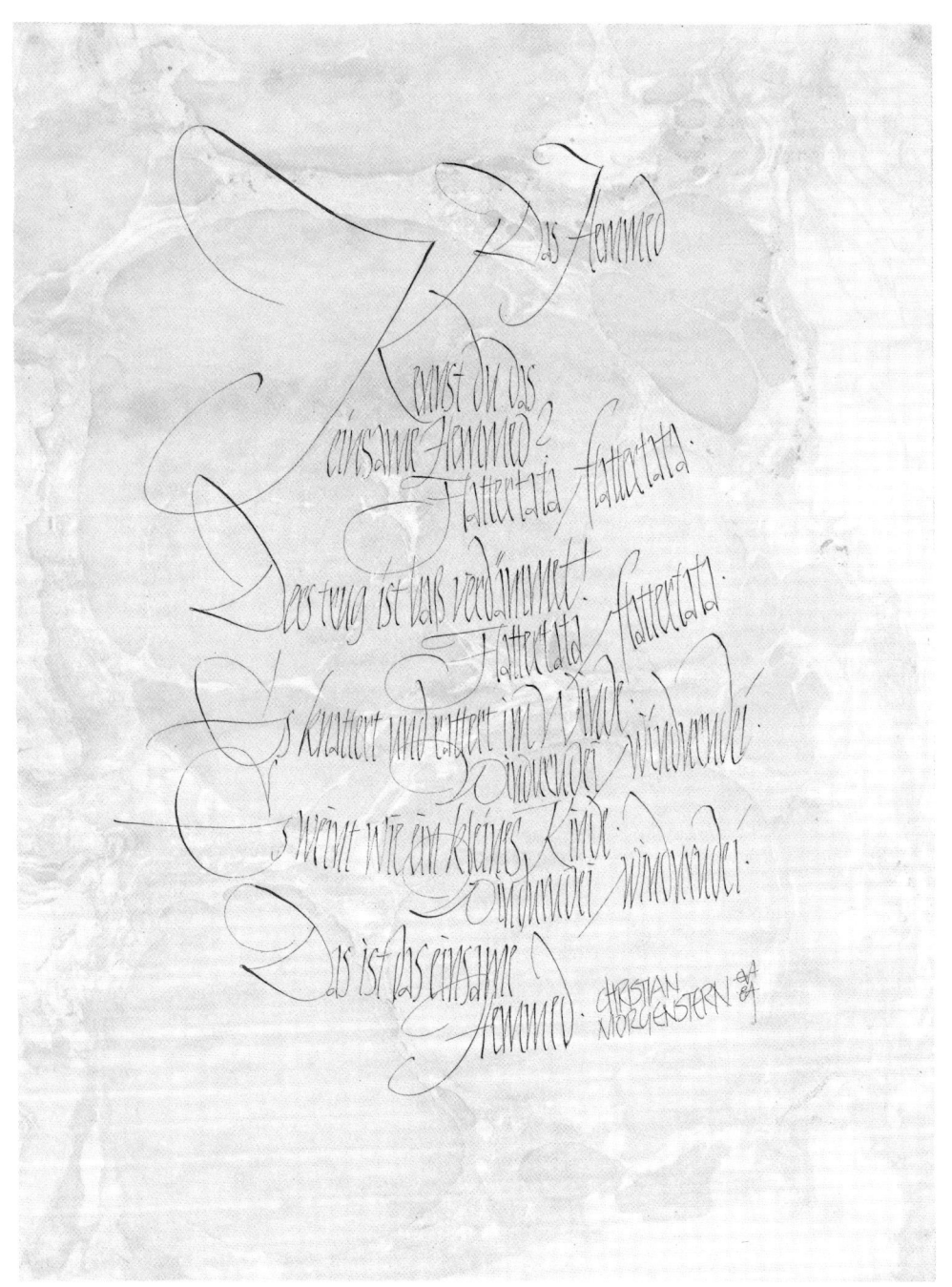

Morgenstern: Hemmed
Format: 36 × 49 cm
Mit Notenfeder auf leicht
transparentem marmo-
riertem Papier geschrie-
ben.
Die Worte flattern wie
Stoff auf der Leine im
Wind.

Unter dem Sternbild Salbei erzählt der Mohn die Legende des Sommers.

Reife rote Worte sind die Stunden

CHRISTA SCHMITT

Schmitt: Unter dem Sternbild
Format: 40 × 60 cm
Auf Aquarellgrund von Dorothee Brown; mit Pinsel auf rauhes Aquarellpapier mit Aquarellfarbe geschrieben.
Der Text folgt im Aufbau nicht ganz dem ursprünglichen Zeilenlauf. Die Freizügigkeit wurde aber von der Dichterin gebilligt. Die Schrift verbindet die getrennten Gruppen der Malerei zu einer Einheit.

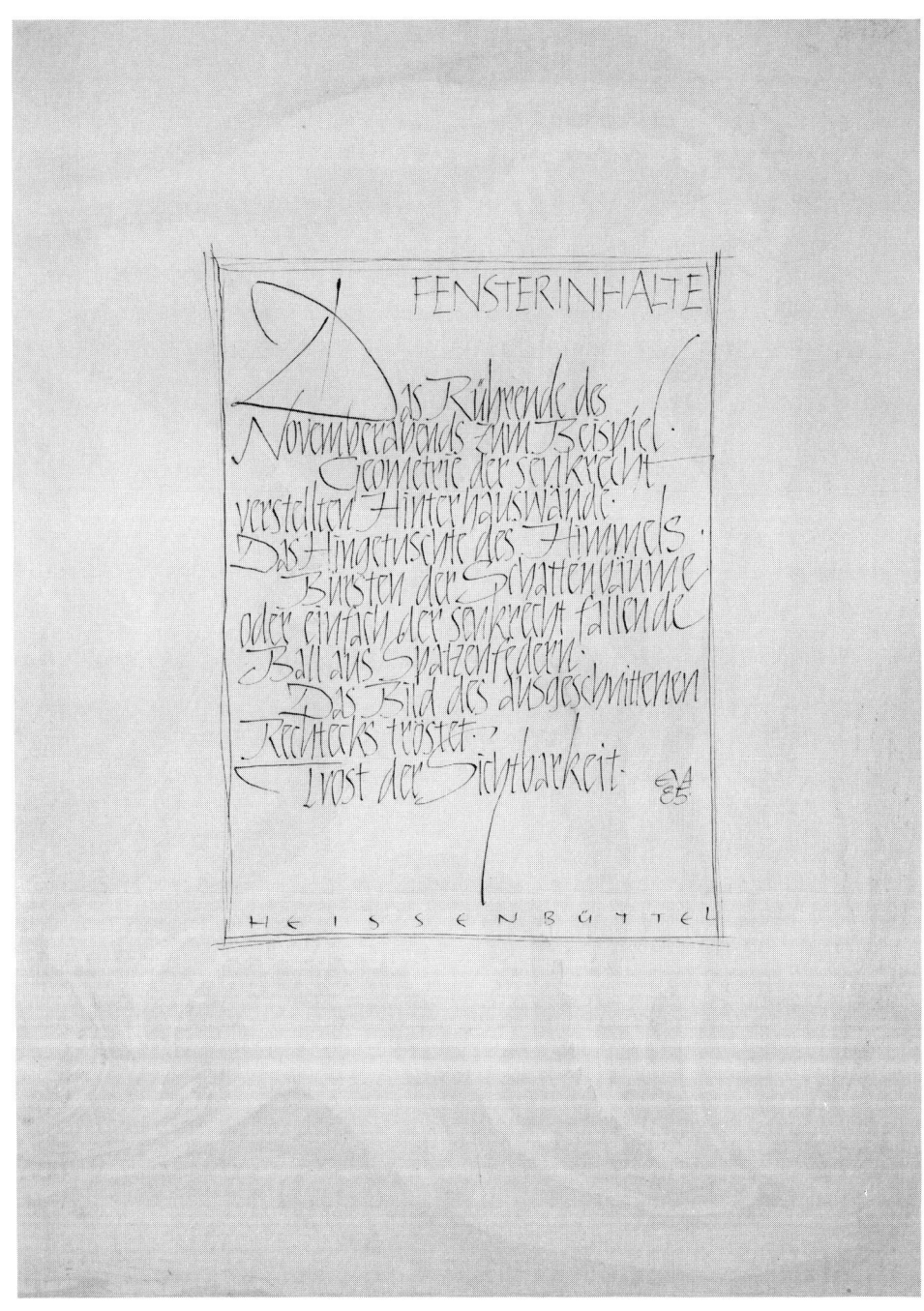

**Heißenbüttel:
Fensterinhalte**
*Format: 48 × 66 cm
Mit Zeichenfeder auf
marmoriertem Roma-
Bütten mit Tusche ge-
schrieben.
In einem fensterähnli-
chen Rahmen sind die
Zeilen in freiem Wechsel
zum rechten und linken
Rand hin angeschlossen.
Einige Zeilen sind ge-
genüber dem Original
geteilt.*

**Ausländer: Vielfältiger
Geist**
*Format: 48 × 62 cm
Auf Aquarellgrund von
Dorothee Brown; mit Pin-
sel auf Japanpapier mit
Aquarellfarbe geschrie-
ben.
Hier sind keine Freiräu-
me für die Schrift ge-
sucht, sondern es wurde
der Form folgend, in die
Malerei hineingeschrie-
ben.*

Vielfältiger Geist
Dein Haar aus
Wasser und Wind
flattert
im Nacken aber Nelke
Kühl
wächst das Wunder
im Kelch.

ROSE
AUSLÄNDER

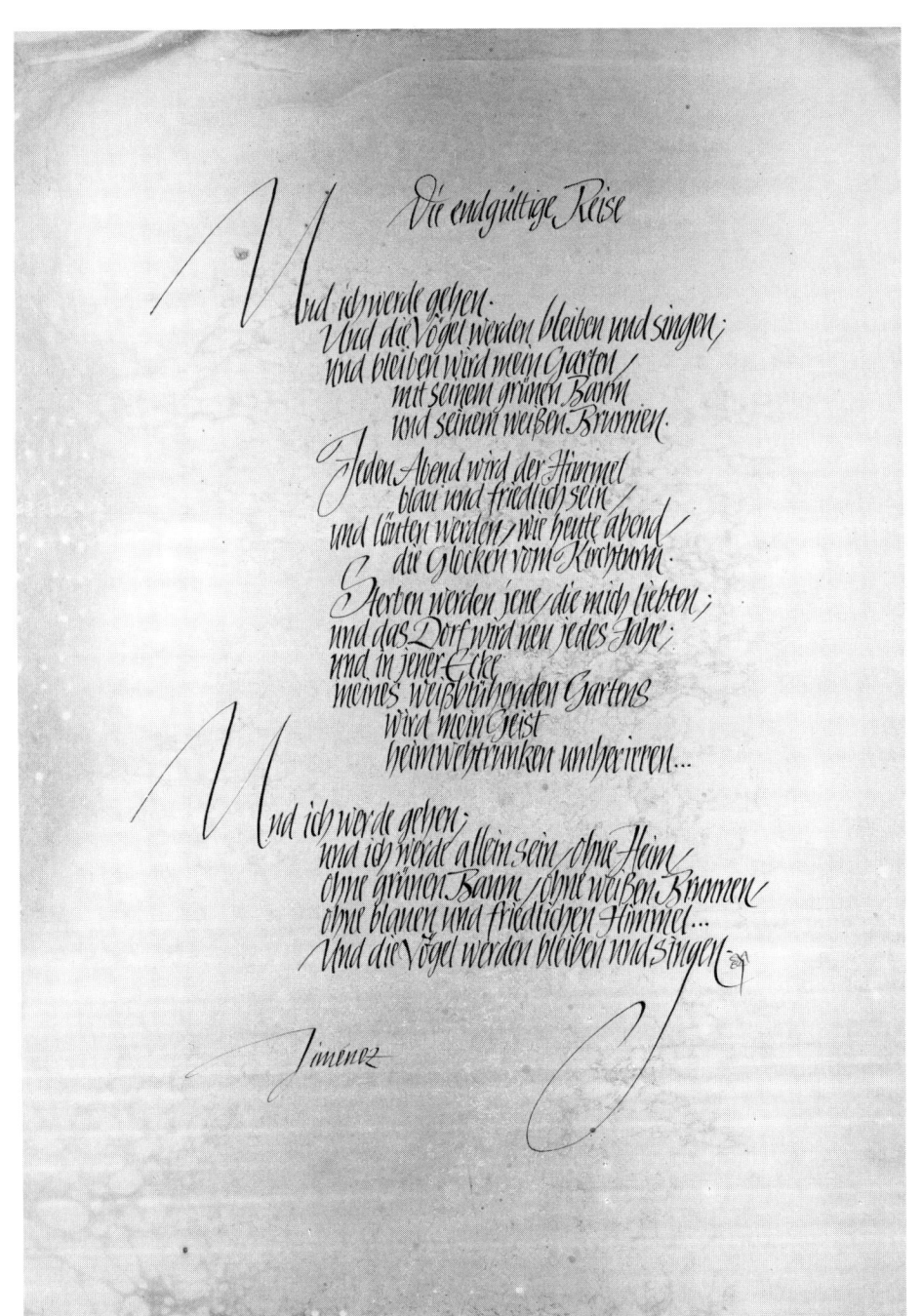

Die endgültige Reise

Und ich werde gehen.
Und die Vögel werden bleiben und singen;
und bleiben wird mein Garten
mit seinem grünen Baum
und seinem weißen Brunnen.

Jeden Abend wird der Himmel
blau und friedlich sein;
und läuten werden, wie heute abend,
die Glocken vom Kirchturm.

Sterben werden jene, die mich liebten;
und das Dorf wird neu jedes Jahr;
und in jener Ecke
meines weißblühenden Gartens
wird mein Geist
heimwehtrunken umherirren...

Und ich werde gehen;
und ich werde allein sein, ohne Heim,
ohne grünen Baum, ohne weißen Brunnen,
ohne blauen und friedlichen Himmel...
Und die Vögel werden bleiben und singen.

Jiménez

Jiménez: Endgültige Reise
*Format: 47 × 65 cm
Mit Notenfeder auf marmo-
riertem Roma-Bütten mit
Tusche geschrieben.
Die große Textmenge in ei-
ner handschriftähnlichen
Kursiven. Die beiden frei-
gestellten U betonen den
Widerholungssatz.*

Zweisprachige Texte

Bei so intensiver Beschäftigung mit dem Schreiben treffen wir wahrscheinlich auch auf Texte aus anderen Sprachen. Sowohl für das Verständnis als auch für die Gestaltung eröffnet sich uns die Möglichkeit, die Originalsprache mit ins Bild zu bringen. Dabei kann nun das Original oder die Übersetzung den Vorrang erhalten, die Texte können aber auch gleichwertig behandelt werden. Man kann unterschiedliche Schriftformen wählen und (oder) die Sprachen farblich voneinander absetzen bis hin zum reinen Schwarz/Weiß auf mitteltonigen Papieren. Auch ein Wechsel der Schreibwerkzeuge ist denkbar. Beim Aufbau ist sowohl zeilenweises Gliedern als auch ein Unter- bzw. Nebeneinander der Texte möglich.

Jiménez: Wirf den Stein
Format: 48 × 29 cm
Mit Zeichenfeder und Notenfeder auf grauem Roma-Bütten mit Tusche geschrieben.
Den deutschen Zeilen sind jeweils die spanischen in kleinerer Schrift vorangestellt. Der Anfangsschwung des W soll verhindern, daß die beiden Teile auseinanderfallen.

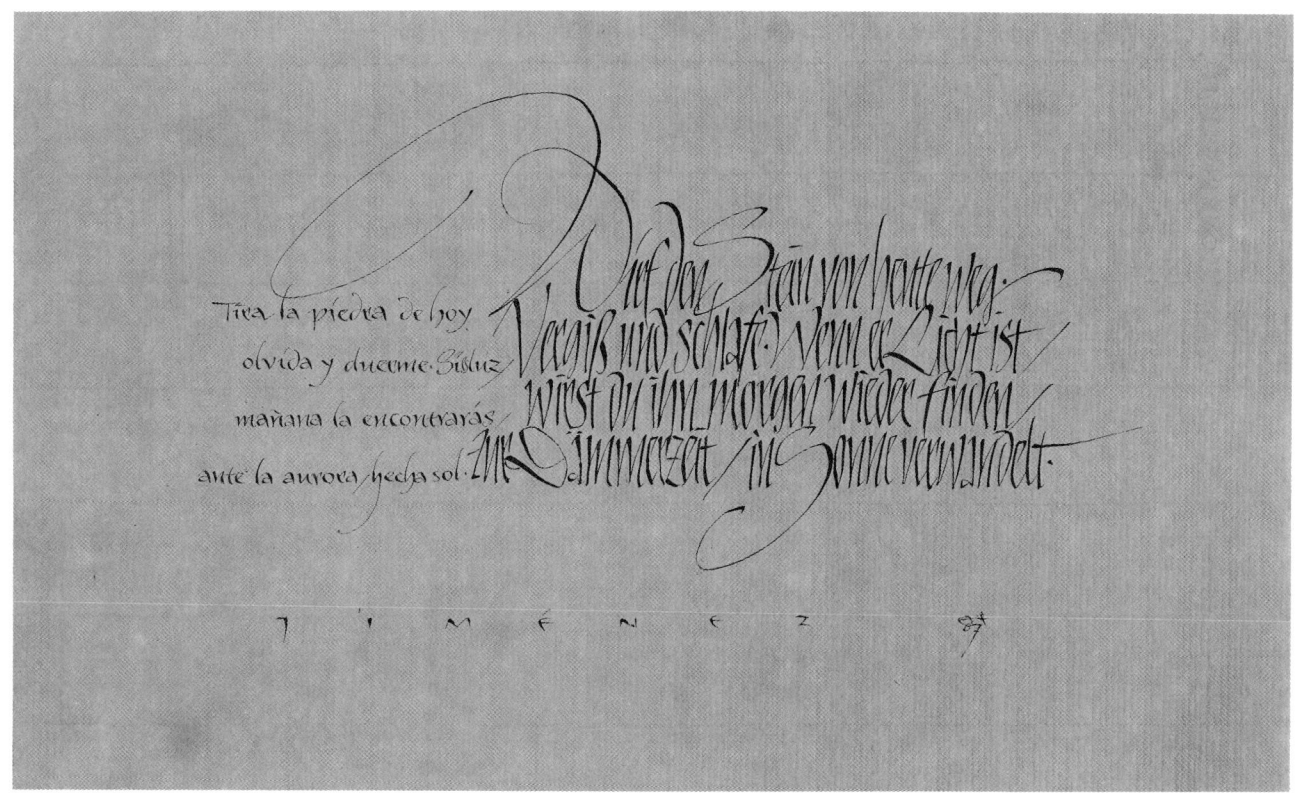

Jiménez: Gebt uns
Format: 49 × 67 cm
Mit Zeichenfeder auf farbigem
Bütten mit weißer Plakatfarbe
und schwarzer Tusche geschrieben.
Die beiden Sprachen sind hier
durch Farbe, Form und Größe unterschieden. Die drei zweizeili-
gen Strophen sind im Wechsel
versetzt angeordnet.

Carmina Burana:
Vagantenbeichte

Format: 33 × 46 cm
Mit Zeichenfeder u. Breitfeder
auf farbigem Roma-Bütten mit
weißer Plakatfarbe und schwar-
zer Tusche geschrieben.
Dies ist die zwölfte von 30 Stro-
phen. Hier wird der Unterschied
der Sprachen auch durch die Art
der Schriften bewußt gemacht.
Der lateinische Text ist in einer
klaren Antiqua, der deutsche in
einer freien deutschen Schrift ge-
schrieben, die zwischen der Goti-
schen und der Fraktur steht.

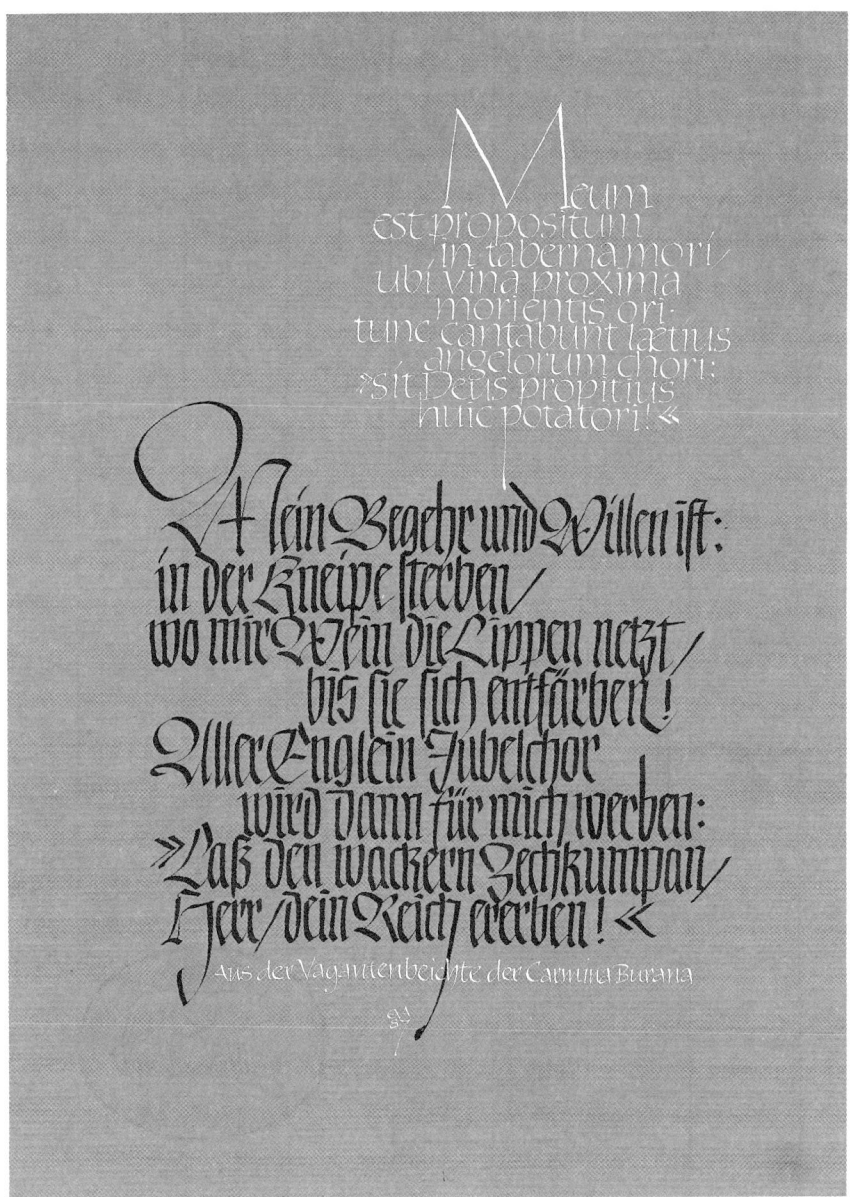

Haiku

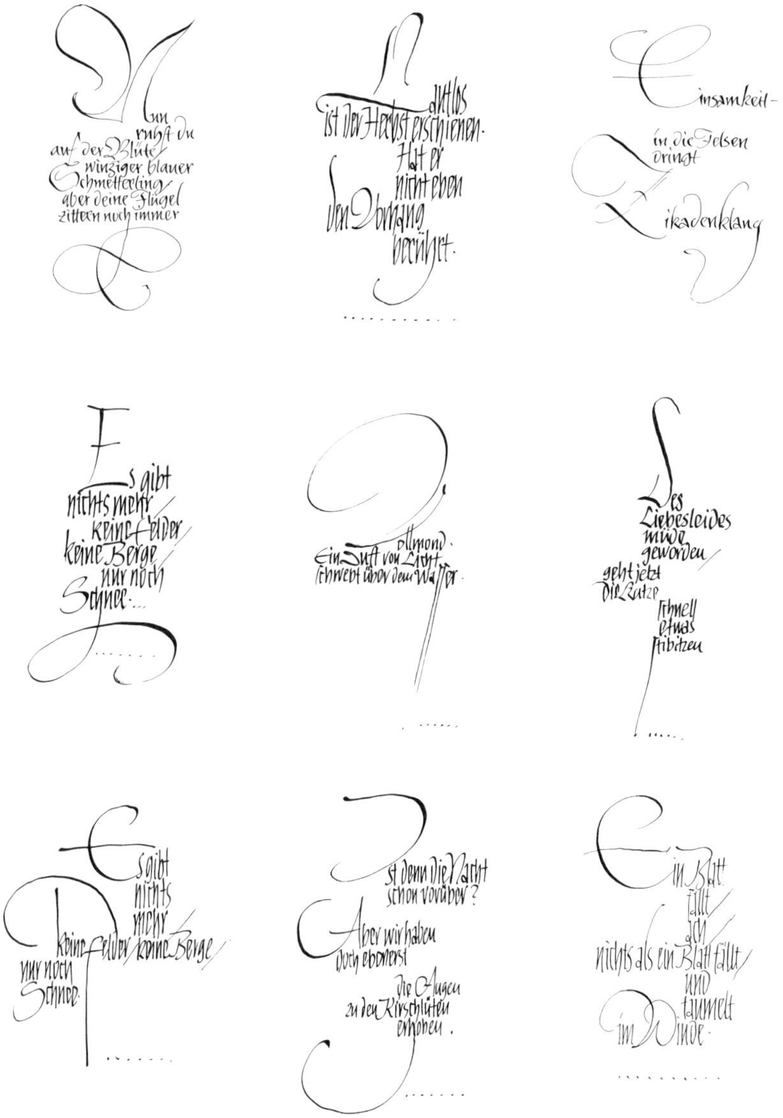

Das Haiku ist ein japanisches Kurzgedicht, ein kleines Ereignis, das in einem Zug seine richtige Form findet, ein Ergriffensein von der graphischen Geste. Es ist einfach geschrieben, um so zu schreiben, wie ein kleines Kind mit dem Finger auf alles mögliche zeigt (Barthes: Reich der Zeichen).

Das Haiku ist naturbezogen und soll einer Jahreszeit zugeordnet werden können. Der Dichter spricht nicht von sich selbst. Diese kurzen Bilder in Worten sind für den Schreiber ideale Texte. Durch Schriftwahl, Gliederung und Auszeichnung versuchen wir, den Text ins Bild zurückzuführen.

Im Japanischen baut sich das Haiku aus drei Versen von fünf – sieben – fünf Silben auf. Die Gliederung durch die Verse wollen wir unbedingt beim Schreiben beibehalten (Blühendes Gras). Eine zu lange Zeile kann aber geteilt werden (Uralter Weiher). Die Verse können auch als Gruppen zusammengefaßt werden (Huschende Fledermäuse). Beim freieren Aufbau bleiben Anfang und Ende des Verses immer als solche erkennbar, wie bei den übrigen vorgestellten Arbeiten.

Aufbau und Auszeichnung der Skizzen geben Anregungen, eigene Lösungen zu finden, nicht nur beim Haiku.

Unser Wissen und Können muß uns dahin führen, daß die Art der Auszeichnung zur Art des Textes paßt und der Aussage dient. Beim aufmerksamen Betrachten aller geschriebenen Blätter ist zu sehen, daß jeder Schwung aus einem Buchstaben herauswächst und nie ohne Buchstabenbindung eingefügt wurde.

Haiku: Wer einen Stiel
Format: 31 × 41 cm
Mit Zeichenfeder auf farbigem Roma-Bütten mit weißer Plakatfarbe geschrieben.
Die Aussage gewinnt Gestalt durch den schlanken Aufbau und die übergreifenden Schwünge.

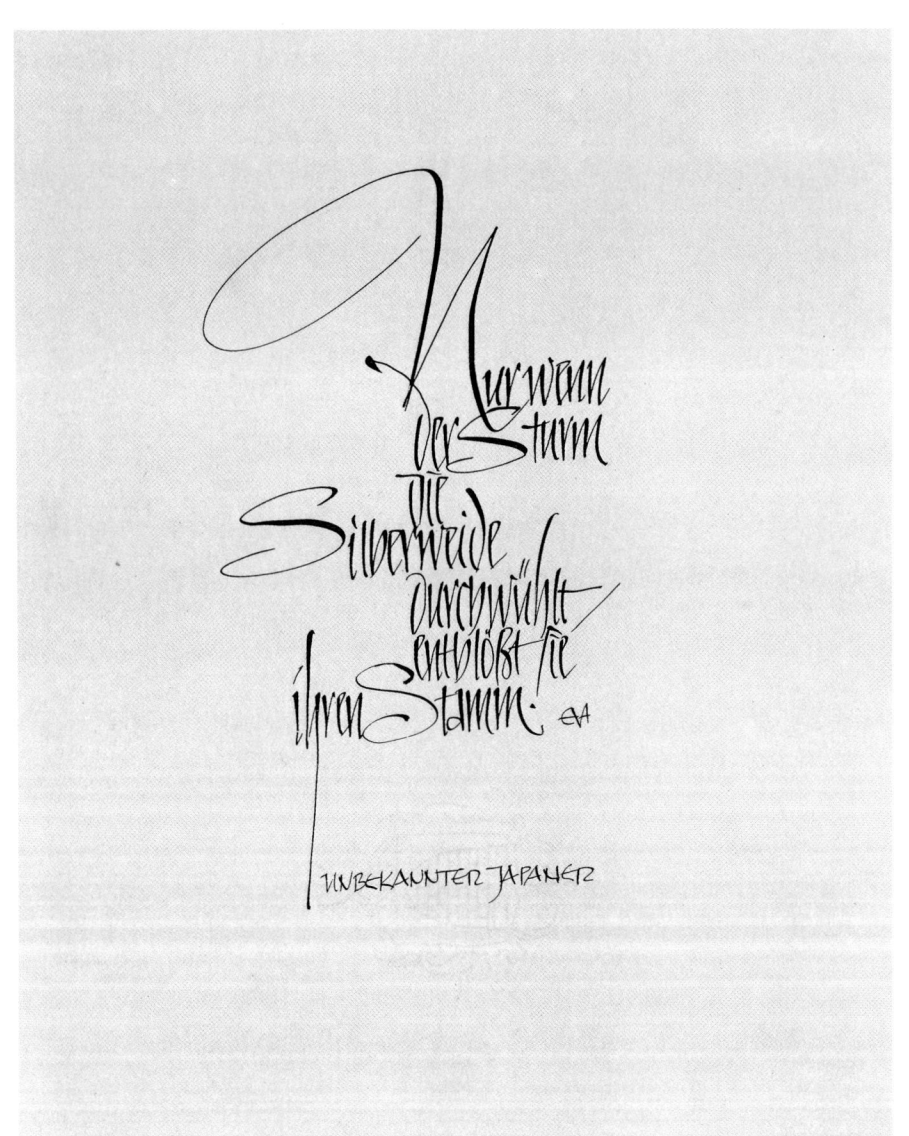

Haiku: Silberweide
Format: 35 × 44 cm
Mit Notenfeder auf Bütten mit
Tusche geschrieben.
Der N-Abstrich bildet eine
Achse für die zweite, dritte,
fünfte und sechste Zeile. Diese
Achse stabilisiert die lebhaf-
ten Schriftformen.

Haiku: Regendunst
Format: 30 × 45 cm
Auf Aquarellgrund von Dorothee
Brown; mit Pinsel und Aquarell-
farbe auf Japanpapier geschrie-
ben.
Das große A stößt zügig durch die
Malerei hindurch und wird so ein
Teil von ihr. Die Zeilenanfänge
der zweiten, dritten und fünften
Zeile stehen in Verlängerung des
A-Abstriches.

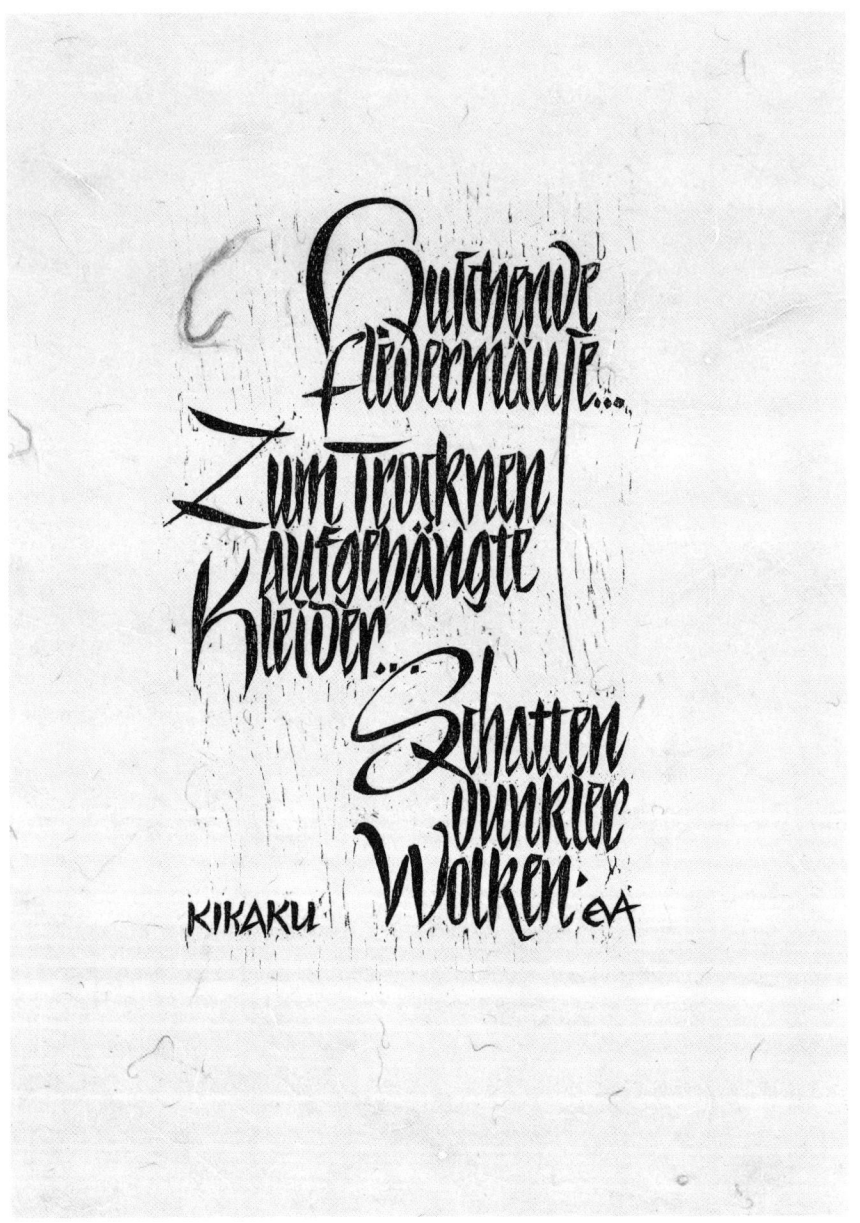

Haiku: Huschende Fledermäuse
Format: 40 × 55 cm
Nach einer Pinselschrift in Holz
geschnitten (Limba), auf Japan-
faserpapier gedruckt.
Die Teilung in drei Gruppen ist
hier in Text und Gestaltung be-
sonders klar. Die Unterlänge des
langen S von Fledermäuse und
des großen S von Schatten schaf-
fen wieder eine Verbindung.

Haiku: Ein uralter Weiher
Format: 45 × 30 cm
Auf Aquarellgrund von Dorothee
Brown; mit Pinsel auf Japanpa-
pier mit Aquarellfarbe geschrie-
ben.
Die drei Haikuverszeilen sind
deutlich herausgestellt. Die Ma-
lerei ist zwischen die ersten bei-
den Verse genommen worden.

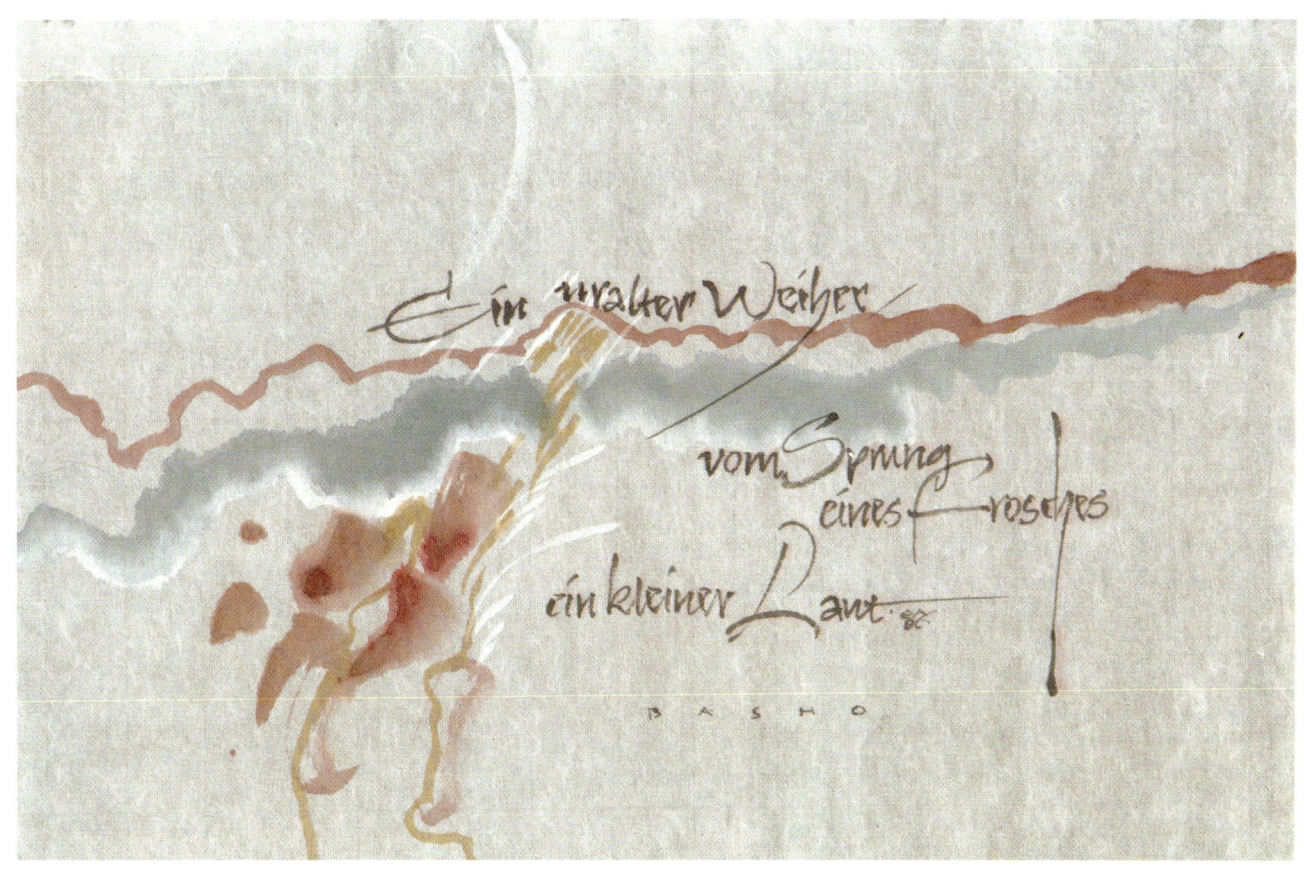

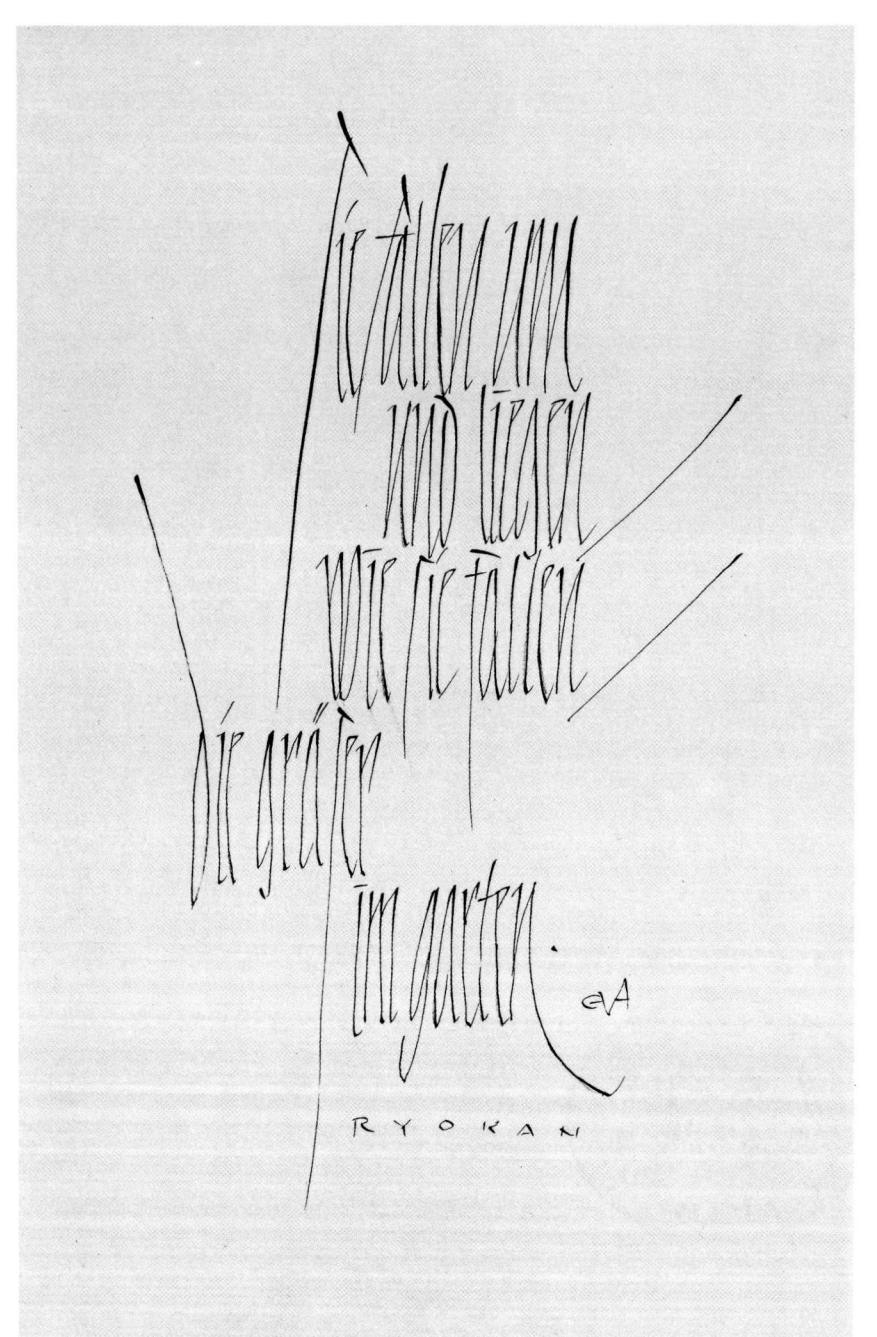

Haiku: Sie fallen um
Format: 33 × 41 cm
Mit Notenfeder auf Roma-Bütten
mit Tusche geschrieben.
Bei diesem Text ist man für die
langen S dankbar, da sie mithel-
fen, das Grasige im Haiku zu veranschaulichen.

Haiku: Blühendes Gras
Format: 39 × 27 cm
Mit Pinsel auf Japanpapier mit
Aquarellfarbe geschrieben.
Hier inspirierte der Lauf des le-
bendigen Papiers zur Schriftge-
staltung.

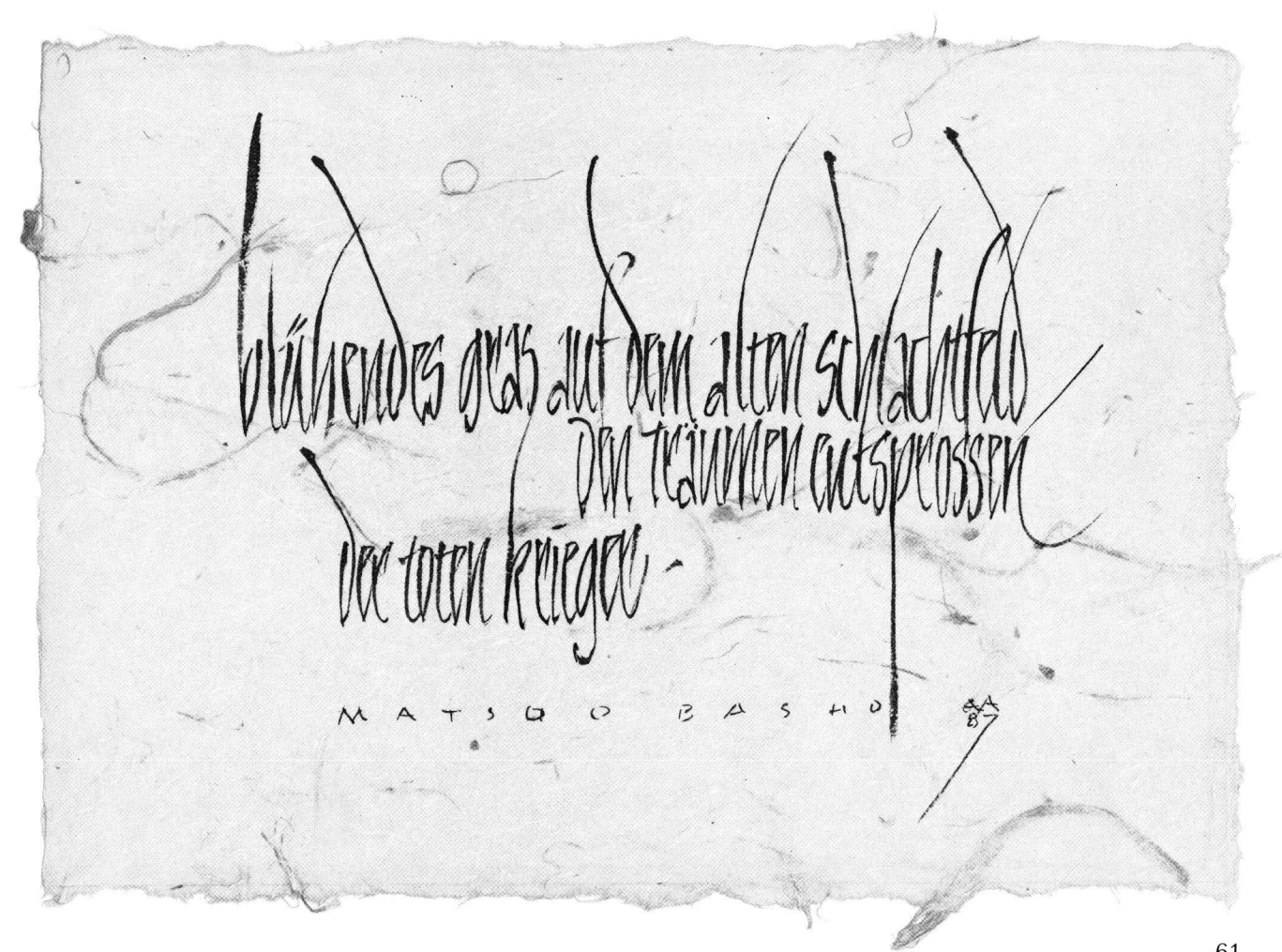

Unser Alphabet enthält 26 Buchstaben, aus denen alles Geschriebene besteht. Wenn wir Lust zum Schreiben haben, aber kein spezielles Thema uns reizt, können wir ohne Rücksicht auf einen Inhalt im Spiel mit den Buchstaben hier unserer Phantasie freien Lauf lassen. Es kommen oft erstaunlich schöne Schmuckblätter dabei zustande.

Alphabet: Steine
Format: 29 × 44 cm
Mit Zeichenfeder auf marmoriertes Bütten mit Tusche geschrieben.

Alphabet: Tropfen
Format: 45 × 55 cm
Mit Zeichenfeder auf marmoriertes Bütten mit Tusche geschrieben.

CIP-Titelaufnahme der
Deutschen Bibliothek

Vollmer, Ernst:
Kalligraphie: die Kunst der schönen
Handschrift/Ernst Vollmer. – 2. Aufl. –
Freiburg i. Br.: Christophorus-Verlag,
1988
(Hobby & Werken)
ISBN 3-419-52773-X

Für die Abdruckerlaubnis von Ge-
dichten und Prosatexten oder Auszü-
gen daraus danken wir den Autoren,
Übersetzern und Verlagen:
Seite 7: Rose Ausländer, Handwerk,
aus dem Buch Ich höre das Herz des
Oleanders, © 1984, S. Fischer Ver-
lag, Frankfurt a. M.
Seite 20 bis 24: Hans-Jürgen Heise,
Versprechen.
Seite 31: Kurt Tucholsky, Die fünfte
Jahreszeit aus Gesammelte Werke
Bd. III/223, © 1960, Rowohlt Verlag
GmbH, Reinbek.
Seite 32: Harald Germer, Spielregel
Ayanu.
Seite 33: Henry Miller, Aber wir …
aus dem Buch Insomnia, Gemini
Smith / Bradley Smith, La Jolla,
USA.
Seite 42: Josef Weinheber, Kammer-
musik aus dem Buch Über alle Maße,
Albert Langen Georg Müller Verlag
GmbH, München.
Seite 43: Rainer Maria Rilke, Blaue
Hortensie aus Werke in drei Bän-
den, © 1966, Insel Verlag, Frankfurt
a. M.
Seite 45: Wolfgang Hildesheimer,
Antwort.
Seite 47: Christa Schmitt, Unter dem
Sternbild Salbei.
Seite 48: Helmut Heißenbüttel, Fen-
sterinhalte.
Seite 49: Rose Ausländer, Vielfältiger
Geist (Kühl) aus dem Buch Einver-
ständnis, © 1980 Pfaffenweiler Pres-
se, 7801 Pfaffenweiler.
Seite 50: Juan-Ramón Jimenez, End-
gültige Reise, Seite 51: Wirf den
Stein, Seite 52: Gebt uns, aus dem
Buch Herz, stirb oder singe, Überset-
zer und Herausgeber Hans Leopold
Davi, Diogenes Verlag Zürich.
Seite 56: Haikus Silberweide, Seite
55: Wer einen Stiel, Seite 59: Uralter
Weiher und Seite 61: Blühendes Gras
aus dem Buch, Manfred Hausmann,
Liebe, Tod und Vollmondnächte, Ja-
panische Gedichte, © 1980, Verlags-
AG Die Arche, Zürich.
Seite 58: Haiku Huschende Fleder-
mäuse, Die Tieck-Bücher, aus dem
Buch Ihr gelben Chrysanthemen,
© 1971 Bergland Verlag in der Nym-
phenburger Verlagshandlung GmbH,
München.
Seite 61: Haiku Sie fallen um, über-
setzt von Erwin Jahn aus dem Buch
Fallende Blüten, © 1968, Verlags-
AG Die Arche, Zürich.

Die Illustrationen zu Goethe: „Märchen", abgebildet auf Seite 30, schuf
Elisabeth Dering.
Die Aquarellgründe für die Schrift-
blätter, abgebildet auf den Seiten 27,
33, 39, 43, 47, 49, 57 und 59, schuf
Dorothee Brown.

Schriftbilder und -graphik sowie alle
marmorierten Schriftgründe:
Ernst Vollmer
Umschlaggestaltung: Michael
Wiesinger
Herstellung:
Konkordia Druck GmbH,
Bühl (Baden) 1988